Aceptar el cambio

para alcanzar el éxito

Dale Carnegie

Aceptar el cambio
para alcanzar el éxito

EDICIONES OBELISCO

Si este libro le ha interesado y desea que le mantengamos informado
de nuestras publicaciones, escríbanos indicándonos qué temas son de su interés
(Astrología, Autoayuda, Ciencias Ocultas, Artes Marciales, Naturismo,
Espiritualidad, Tradición...) y gustosamente le complaceremos.

Puede consultar nuestro catálogo en www.edicionesobelisco.com

Colección Nueva Conciencia
ACEPTAR EL CAMBIO PARA ALCANZAR EL ÉXITO.
UNA GUÍA DE DALE CARNEGIE & ASSOCIATES
Dale Carnegie & Associates, Inc.

1.ª edición: septiembre de 2013

Título original:
*Embrace Change for Succes A Dale Carnegie & Associates Guide
to an Enriched Life*

Traducción: *Ainhoa Pawlowsky*
Corrección: *M.ª Jesús Rodríguez*
Diseño de cubierta: *Enrique Iborra*

© Dale Carnegie Associates
Exclusive worldwide rights in all languages licensed exclusively
by JMW Group Inc., Larchmont, New York, USA.
TM Owned by Dale Carrengie Associates.
(Reservados todos los derechos)
© 2013, Ediciones Obelisco, S. L.
(Reservados los derechos para la presente edición)

Edita: Ediciones Obelisco, S. L.
Pere IV, 78 (Edif. Pedro IV) 3.ª planta, 5.ª puerta
08005 Barcelona - España
Tel. 93 309 85 25 - Fax 93 309 85 23
E-mail: info@edicionesobelisco.com

Paracas, 59 C1275AFA Buenos Aires - Argentina
Tel. (541-14) 305 06 33 - Fax: (541-14) 304 78 20

ISBN: 978-84-9777-989-0
Depósito Legal: B-17.954-2013

Printed in Spain

Impreso en España en los talleres gráficos de Romanyà/Valls, S.A.
Verdaguer, 1 - 08786 Capellades (Barcelona)

Prefacio

A lo largo de nuestra profesión el éxito es dinámico, no estático. Tanto si nuestro objetivo es conservar la prosperidad de la que ya gozamos, como acumular un éxito continuo o alcanzar un éxito mucho mayor, no sólo debemos estar dispuestos a aceptar el cambio, sino que también debemos permanecer atentos para saber cuándo deberíamos iniciarlo.

En demasiadas ocasiones uno cree que como sus métodos y sistemas ya son buenos y sensatos, no necesita cambiarlos. «Si no está roto, no lo arregles». Por desgracia, este dicho no siempre es cierto. Lo que ha funcionado bien anteriormente puede que no sea el mejor enfoque en el presente o el futuro. Al margen de lo bien que lo estemos haciendo hoy, un cambio en nuestro entorno puede señalar la necesidad de hacer las cosas de otra manera.

Tanto en nuestro trabajo como en nuestra vida privada, si queremos progresar debemos estar dispuestos a realizar cambios –muchas veces cambios importantes– en el modo de llevar a cabo nuestra tarea o incluso de vivir nuestra vida.

En este libro analizaremos los motivos por los que muchas veces nos resistimos al cambio y las medidas que podemos tomar para vencer esta negativa, con ejemplos tanto de situaciones de la vida privada como de situaciones relacionadas con el trabajo.

Con ello no queremos decir que debamos asumir que todo lo que hacemos necesita cambiar, pero sí que debemos estar abiertos a nuevas ideas.

La necesidad del cambio tal vez sea por las nuevas tecnologías. La informatización es uno de los principales ejemplos que ilustran la necesidad de revisar todo el funcionamiento de la empresa y de adaptarse a las nuevas tecnologías.

A veces la necesidad del cambio obedece a factores económicos. Cuando disminuye la demanda de los productos o servicios de una empresa, es posible que un cambio en su sistema, métodos o estructura sea esencial para su supervivencia. Por otro lado, cuando la economía crece, es necesario realizar otros cambios para cubrir la nueva demanda.

Tal vez lo que exige el cambio son las leyes del país o el estado en el que está ubicada una empresa. Las leyes que prohíben la discriminación por motivo de raza, religión, nacionalidad, género, edad y otros factores exigen cambios importantes en las prácticas y las políticas de recursos humanos.

Examinaremos los múltiples aspectos del cambio y proporcionaremos sugerencias acerca de cómo podemos realizar estos cambios para que contribuyan a la prosperidad de nuestras empresas.

Algunas de las cuestiones que trataremos son:

- Los cambios como medidas para alcanzar el éxito.
- La adaptación a los cambios.
- Cómo y cuándo deberíamos proponer o iniciar un cambio.
- Cómo abordar un cambio en el seno de un equipo.
- Cómo reducir el estrés frente a un cambio.
- Cómo adaptarse al trabajo con personas de distintas culturas.
- Cómo salvar la distancia generacional y de género en nuestro lugar de trabajo.

La lectura de este libro es el primer paso para hacer frente al cambio. Para sacar el máximo provecho de este libro, léelo todo primero para asimilar el concepto global acerca de lo que comporta el hecho de realizar un cambio. A continuación, vuelve a leer cada capítulo y empieza a poner en práctica las instrucciones para cubrir cada una de las cuestiones tratadas. De este modo, te situarás en el camino que ha ayudado a hombres y mujeres de todos los perfiles profesionales a aceptar, ajustarse e incluso iniciar cambios que han permitido que sus empresas no sólo sobrevivan, sino que también prosperen, contribuyendo a la aceleración de su propio proceso de éxito.

1

Los siete elementos del éxito

La clave del éxito es nuestra capacidad de adaptación.

Peter Drucker

ↄ

La mayoría de personas espera alcanzar el éxito en el trabajo y, en realidad, en todos los aspectos de su vida. Su idea del éxito tal vez sea distinta, pero todas coinciden en la conveniencia de su consecución. El término *consecución* incorpora la esencia de aquello que denominamos éxito. Es la idea de conseguirlo, de alcanzar el objetivo que nos hemos propuesto.

Muchas personas han tratado de mostrar el camino del éxito y, a pesar de que algunas han realizado una valiosa aportación a las siguientes generaciones, ninguna ha sido todavía capaz de contarlo todo. El motivo es obvio: no existen dos temperamentos exactamente iguales porque la naturaleza es variada. No hay dos conjuntos de circunstancias exactamente iguales, de modo que sería una locura intentar determinar leyes universales que llevaran a todos a alcanzar el maravilloso objetivo del éxito. Basta con mirar a nuestro alrededor para ver las distintas necesidades de los individuos y saber que es cierto. Todas y cada una de las personas que han logrado el éxito lo han conseguido por distintas vías, aunque generalmente por medio de varias líneas de acción comunes. De hecho, la naturaleza de la individualidad desempeña el rol más importante en la consecución del éxito. Una individualidad sólida permite partir de un conjunto cualquiera de normas o de cursos de acción. De este modo, se puede afirmar como principio general que todas las personas deben perseguir su propio éxito según los rasgos de su propia individualidad, más que seguir un conjunto dado de reglas o de acciones. Sin embargo, un análisis detallado de los hombres y las mujeres que han alcanzado un éxito notable puede darnos algunas pistas importantes para poder aplicar en nuestra vida.

Probablemente haya tantas formas de alcanzar el éxito como personas exitosas hay, pero si analizamos la historia de estas personas, encontraremos que tienen muchos rasgos en común.

1. Confianza en sí mismas

El ingrediente principal del éxito es la confianza en uno mismo. El término habla por sí solo: significa que para alcanzar el éxito debemos creer en nosotros. Sin embargo, eso no quiere decir que no tengamos puntos débiles, sino que debemos hacer un inventario de nosotros mismos, hallar las cualidades que tenemos y que representan nuestros puntos fuertes y nos resultan útiles, y luego utilizarlas en un plan definido de acción a través del cual alcanzar el principal objetivo previamente establecido.

Las personas que confían en sí mismas nunca pierden la fe en su capacidad de afrontar y superar sus temores. Hay una vieja historia de un chico que temía al matón de su escuela. Un día, su abuela le dio un talismán que, según le aseguró, había llevado su abuelo durante la guerra y tenía la propiedad de hacer invencible a su portador. Nada podría herirlo, le dijo, mientras llevara este talismán. Nada podría alzarse contra él. Él la creyó. Y la siguiente vez que el matón del pueblo empezó a darle una paliza, él le plantó cara y le superó. Y eso fue sólo el comienzo. Antes de terminar el año, se había ganado la reputación de ser el más osado de la ciudad.

Entonces, cuando su abuela creyó que ya se había curado por completo de su temor, le confesó la verdad –que el «talismán» era un simple trasto viejo que había recogido del borde de la carretera–, y que sabía que lo único que necesitaba era tener *fe en sí mismo* y creer que podía conseguirlo.

Creer en nosotros mismos es lo que cuenta. Es la conciencia del poder dominante que hay en nuestro interior lo que hace que todo sea alcanzable. *Podemos hacer cualquier cosa que creamos que podemos conseguir.* Este conocimiento es literalmente el obsequio de los dioses, porque con él podemos solucionar todos los problemas que aquejan al ser humano. Debería convertirnos a todos en optimistas incurables. Es lo que nos abre la puerta a la prosperidad. A fin de *dejar esa puerta abierta*, debemos tener la expectativa de que conseguiremos todo lo que juzguemos oportuno.

Tenemos derecho a todo lo bueno. Por lo tanto, no debemos esperar nada más que aquello que es positivo. La derrota *no tiene por qué* suceder tras una victoria. No poseemos limitaciones, así que no debemos dejar que éstas accedan a nuestra vida.

A fin de alcanzar el éxito, debemos tener fe en nuestra capacidad de realizar todo aquello que nos proponemos. También debemos cultivar el hábito de tener fe en nuestros compañeros de trabajo, tanto si ocupan un cargo de autoridad respecto a nosotros, como si nosotros tenemos más autoridad que ellos.

Un objetivo definido es el punto de partida de todo logro notable, pero la confianza en uno mismo es la fuerza invisible que nos persuade, conduce o dirige hasta que nuestro objetivo se convierte en realidad. Sin confianza en uno mismo ningún logro podría superar la etapa de «objetivo», y los simples objetivos, por sí solos, no valen nada. Muchas personas tienen objetivos vagos, pero temen fracasar. Todos hemos tenido éxitos y fracasos. Las personas que piensan demasiado en sus fracasos están destinadas a repetirlos, mientras que las que se concentran en sus logros cultivan una sólida actitud positiva que asienta su confianza. Shakespeare dijo: «El pasado es un prólogo». Cada aspecto de nuestro pasado influye en nuestro futuro, pero podemos decidir qué experiencias de nuestro pasado queremos que dominen nuestro pensamiento. Debemos hacer un esfuerzo por aprender de nuestros fracasos, descartarlos en cuanto hayamos aprendido la lección y dejar que los éxitos de nuestro pasado predeterminen nuestro futuro.

Las personas que alcanzan grandes logros realizan afirmaciones poderosas. Tienen una tremenda capacidad de ser positivas; no conocen el significado del pesimismo. Su asertividad y convicción acerca de su capacidad son tan sólidas que no les ocurre lo contrario a lo esperado. Cuando resuelven hacer algo, dan por sentado que pueden lograrlo. No están colmadas de dudas y temores, al margen de que los demás puedan burlarse. En realidad, a casi todos los hombres y mujeres de éxito que han ido en busca del progreso los han tildado de «soñadores». Sin embargo, debemos los beneficios de la civilización moderna a la confianza sublime de estos hombres y mujeres, a esa fe indomable en su misión que nada ha podido sacudir. ¿Y si Copérnico y Galileo se hubieran rendido cuando los tacharon de locos? La ciencia actual se fundamenta en su confianza inquebrantable en que la Tierra es redonda y gira alrededor del Sol en lugar de ser el Sol el que gira alrededor de la Tierra.

A lo largo de la historia, los grandes maestros, filósofos y profetas han discrepado entre sí sobre muchas cuestiones distintas. Pero en este asunto todos están completamente de acuerdo. Observa lo que dijo Marco Aurelio, el gran emperador romano: «La vida de un hombre es lo que sus pensamientos hacen de ella». Disraeli dijo: «Todo sucede cuando un hombre espera. Por medio de una prolongada meditación, he llegado a convencerme de que un ser humano con un propósito determinado debe cumplirlo, y que nada puede frenar una voluntad que arriesgaría incluso la vida para su consecución».

Ralph Waldo Emerson opinaba: «Un hombre es lo que piensa a lo largo del día». Según William James: «El mayor descubrimiento de mi generación es que los seres humanos podemos modificar nuestra vida cambiando nuestra actitud», y también: «Sólo necesitamos actuar a sangre fría como si el asunto en cuestión fuese real. De este modo, el asunto establecerá semejante vínculo con nuestra vida que se hará infaliblemente real. Se unirá tanto a nuestros hábitos y emociones que nuestro interés en él será el propio de quien cree en ello». También dijo: «Si uno se preocupa lo bastante por un resultado, casi sin lugar a dudas lo logrará. Si desea ser rico, será rico. Si desea que los demás aprendan de él, los demás aprenderán de él. Si desea ser bueno, será bueno. Sólo debe desearlo verdadera y exclusivamente, y no desear al mismo tiempo y con la misma intensidad otras cosas que sean incompatibles».

El Dr. Norman Vincent Peale dijo: «Es una de las principales leyes del universo. Desearía fervientemente haberla descubierto cuando era joven. Se me ocurrió mucho más tarde y descubrí que no sólo era uno de los mejores descubrimientos, sino el mejor, exceptuando mi relación con Dios. Y la maravillosa ley simplemente afirmaba que, si pensamos en términos negativos, obtendremos resultados negativos, mientras que, si pensamos en términos positivos, lograremos resultados positivos».

2. Autodisciplina

Arthur Rubenstein, uno de los mejores pianistas de su época, atribuyó buena parte de su éxito a su capacidad para fijarse un calendario y ceñirse a él. A pesar de haber alcanzado la fama y la riqueza, siguió con su práctica a diario a lo largo de su larga vida profesional. La mayoría de personas que han logrado el éxito no han necesitado que sus jefes las presionaran para realizar su tarea. Eran capaces de autodisciplinarse y llevar a cabo sus tareas sin ninguna presión externa. Los atletas de campeonato entrenan varias horas al día para mantenerse en forma. La autodisciplina empieza con el compromiso por lograr un objetivo y sigue con la realización de los sacrificios necesarios que deben hacerse a fin de garantizar que ese compromiso sea real.

Podemos ser magníficos actores si nos disciplinamos para ser expertos técnicos y nunca dejamos de entrenar, de enseñar a los demás y de pensar cuidadosa y rigurosamente antes de comenzar.

En una operación compleja, con frecuencia debemos dedicar el mismo tiempo a la planificación que a la operación en sí. Antes de efectuar una llamada para vender un producto, un buen representante de ventas piensa cuidadosamente en todos los posibles problemas que puedan surgir y el modo en que puede abordarlos. Los ejecutivos piensan en todas las posibilidades de cualquiera de sus opciones antes de tomar una decisión. Lo mismo puede decirse de los mejores actores de teatro, cine, televisión o deportistas.

Un aspecto de la autodisciplina es la capacidad de controlar las propias emociones y acciones. La falta de autocontrol ha hecho sufrir a más personas que cualquier otro defecto conocido por la raza humana. Es un mal que se manifiesta en un momento u otro de la vida de todas las personas.

La autodisciplina requiere que centremos *toda* nuestra atención en cada uno de los detalles de nuestro trabajo cotidiano. Debemos verter *toda* nuestra atención en *esta* tarea hasta que podamos hacerla a la perfección y con goce. Siempre que tengamos tareas fastidiosas o «pesadas», podemos estar seguros de que es porque todavía no hemos puesto el suficiente interés en las mismas.

Es la mejor práctica de «concentración» del mundo: basta con dedicarnos en cuerpo y alma a aquello que estamos haciendo. Cuando la hayamos practicado el tiempo suficiente gozaremos de esa tarea y la realizaremos a la perfección.

Alrededor de este momento descubriremos que la fuerza de nuestro pensamiento se ha dirigido a nuestra tarea y la ha *colmado* de energía. Apartaremos de nuestro trabajo nuestras pequeñas y felices batallas mentales, permitiendo que acudan a nosotros pequeñas inspiraciones, y nuestra atención siempre volverá a centrarse en el trabajo con alegría.

Supongamos que nuestra tarea consiste en «ejercicios con los cinco dedos», es decir, en aprender a utilizar los cinco dedos. Si nos concentramos *plenamente* en cada movimiento, lograremos realizarlos con *precisión*. Cuando eso ocurra, el pensamiento fluirá o se desbordará en hermosas fantasías que nuestros dedos estarán preparados para expresar. Y *todo* será placentero. Si dejamos que nuestra mente vague aunque sólo sea ligeramente, nuestros dedos seguirán su rumbo. Entonces, nuestros ejercicios serán descuidados porque nuestro pensamiento estará dividido y no tendremos suficiente fortaleza mental para aguantar dicha división. Si practicamos con la mente dividida, necesitaremos cinco veces más tiempo para realizar el arte de utilizar los dedos, y *nunca* los utilizaremos para nuestro mayor beneficio.

¿Somos capaces de ver ahora para qué sirve concentrarse en las tareas de cada día? Para llenar cada parte de nuestro cuerpo *con una inteligencia entrañable que exprese el pensamiento*. Las tareas que cada día nos mandan en la escuela de la vida son las «escalas» y los «ejercicios con los cinco dedos» en los que debemos volcarnos para dominarlos antes de que podamos expresar algo más bello en forma de sinfonías de la vida.

Como dijo Steve Jobs:

«Tu trabajo va a llenar buena parte de tu vida, y la única manera de estar plenamente satisfecho con lo que haces es haciendo lo que tú consideras un gran trabajo. Y la única manera de hacer un gran trabajo es amando lo que haces. Si todavía no lo has encontrado, sigue buscando. No te acomodes. Igual que con todos los asuntos del corazón, lo sabrás cuando lo encuentres. Y, como cualquier gran relación, mejora con el paso de los años. Así que no dejes de buscar hasta que lo encuentres. No te acomodes».

3. Estímulo

Las personas que alcanzan el éxito continuamente se sienten estimuladas para prosperar. No necesitan una motivación externa, como una recompensa inmediata. Son tan entusiastas con su trabajo que no pueden esperar comenzar cada mañana y odian terminar al final de la jornada laboral. Su energía parece ilimitada. Cuando surgen problemas, no se desalientan. En realidad, los problemas se convierten en un estímulo adicional que las alienta todavía más. En la vuelta al mundo sin escalas del Voyager, Burt Rutan, el diseñador de la aeronave, y los pilotos Dick Rutan y Jeanna Yeager, experimentaron el rechazo y el fracaso en numerosas ocasiones, pero su entusiasmo y compromiso con el proyecto les ayudó a superar los problemas y les dio una energía renovada que los condujo al éxito.

El primer paso para alentarnos consiste en tener un objetivo definido hacia el que dirigir nuestros esfuerzos. Debemos tener planes definidos para alcanzar este objetivo. Si no seguimos de forma continua y sistemática cada día un plan procedimental definido, no lograremos nada que valga la pena. Además, ¿cómo podríamos esperar tener éxito, o cómo podríamos saber cuándo hemos alcanzado el éxito, si nunca hemos determinado la naturaleza de nuestra misión u objetivo?

A fin de cultivar la imaginación de manera que al final nos sugiera ideas de iniciativa propia, deberíamos habituarnos a anotar todas las ideas útiles, ingeniosas y prácticas que veamos en las tareas que nosotros y nuestros compañeros estamos realizando. Sin embargo, debemos permanecer con la mente abierta y observar también otras líneas de trabajo ajenas a nuestra propia actividad. Conviene conservar el hábito de clasificar todas las ideas, conceptos o pensamientos que observemos o que se nos ocurran y que tengan una utilidad práctica, y luego aplicarlos en nuevos planes. Hoy en día la mayoría de personas utilizan aplicaciones adecuadas en su Blackberry, iPad o dispositivos similares. Sin embargo, algunas personas se sienten más cómodas simplemente anotándolas en una libreta normal de bolsillo.

Cuando surja un problema o estemos frente a una nueva situación, conviene consultar a nuestras anotaciones, recoger este conocimiento en nuevas combinaciones y proponer adaptaciones o ideas nuevas para tratar este asunto.

Barry, un técnico de su empresa, con frecuencia tenía buenas ideas (a veces brillantes), pero nunca daba ningún paso para materializarlas, ni siquiera para trasmitirlas a sus directivos. A resultas de ello, nunca ascendió en su trabajo. Consideraban que era un empleado mediocre que hacía bien su labor, pero no a la perfección. Si Barry hubiera hecho realidad sus ideas, tal vez hubiera progresado mucho en su profesión.

ଔ

El mayor delito del mundo es no explotar el propio potencial. Cuando uno da lo mejor de sí no sólo está ayudándose a sí mismo, sino también al mundo.

Roger Williams

El entusiasmo candente, respaldado por el sentido común y la perseverancia, es la cualidad que más veces se traduce en éxito.

Dale Carnegie

ଔ

Nada nos alienta más que el hecho de sentir entusiasmo por lo que estamos haciendo. El verdadero significado del «entusiasmo» le confiere una importancia a esta cualidad que supera con creces la actitud propia de una animadora que este término muchas veces nos recuerda. Palabra de origen griego que significa 'inspirado' y, literalmente, significa 'el Dios que hay en nuestro interior'». Aquellos que lo sienten de forma natural son en realidad afortunados.

El entusiasmo es la fuerza impulsora que no sólo otorga un mayor poder a quien lo posee, sino que es contagioso y afecta a todo al que alcanza. El entusiasmo por el trabajo que uno desempeña elimina la carga de ese trabajo. Se ha observado que incluso los albañiles que realizan la ardua tarea de cavar zanjas pueden eliminar la monotonía de su trabajo si cantan mientras realizan la labor.

Es un hecho bien sabido que las personas logran el éxito más fácilmente cuando ocupan un cargo que les apasiona, motivo por el cual se vuelven entusiastas por ese trabajo. El entusiasmo también es la base de la imaginación creativa. Cuando la mente vibra a una tasa elevada, está receptiva a tasas similares de vibración de fuentes externas, lo que proporciona una condición favorable para la imaginación creativa. Observaremos que el entusiasmo desempeña una parte importante en otros principios que constituyen las leyes de la filosofía del éxito, como el pensamiento analítico y la personalidad agradable.

4. Iniciativa

Recibe cada día con una sonrisa. Observa el nuevo día como otra oportunidad de oro para terminar lo que no pudiste acabar ayer. Sé una persona con iniciativa. Deja que tu primera hora del día determine el tema del éxito y la acción positiva que, sin lugar a dudas, se hará eco durante el resto del día. El día de hoy nunca volverá a ocurrir. No lo malgastes empezándolo mal o no empezándolo. No naciste para fracasar.

Og Mandino

ᖾ

Algunas personas son como un teléfono móvil: a fin de empezar el día necesitan estar cargadas. Este tipo de personas tienen menos probabilidades de alcanzar el éxito que aquellas que pueden empezar en cualquier momento impulsando su capacidad de iniciativa interior.

Por ejemplo, John y Bill empezaron a trabajar el mismo día y pasaron toda su vida activa en la misma empresa. Cuando se jubilaron, John era el supervisor de un pequeño departamento y Bill era un vicepresidente ejecutivo. John no alcanzaba a comprender por qué había logrado progresar tan poco y muchas veces decía: «Siempre he hecho lo que me han pedido y lo he hecho bien». Bill sabía por qué siempre lo había hecho tan bien. Desde el comienzo de su profesión, había iniciado proyectos, realizado propuestas y llevado a término una idea sin que nadie tuviera que decírselo.

Para ser personas con iniciativa debemos determinar una serie de principios que guíen nuestro modo de trabajar. ¿Cómo se empieza a construir una casa? Lo primero es obtener un plano del edificio y luego proceder según sus indicaciones, siguiendo escrupulosamente cada detalle, empezando por los cimientos. Si se olvidan los cimientos, todo lo demás es una pérdida de tiempo y el edificio, en caso de que llegue a terminarse sin venirse abajo, será inseguro y carecerá de valor.

La misma ley funciona para cualquier labor importante; el buen punto de partida y el primer requisito fundamental es *un plan mental definido sobre el que construir lo demás*.

Los cuatro siguientes principios son factores clave para iniciar un proyecto.

- *Concentración.* La concentración significa una atención exclusiva al asunto que tenemos entre manos, significa dedicar nuestro intelecto a la tarea que debemos realizar; incluye todas las acepciones de los conceptos meticulosidad, precisión y eficiencia.
- *Honestidad.* La honestidad implica la ausencia de artimañas, mentiras y engaños tanto en palabras como en miradas y gestos. Abarca la sinceridad, el hecho de decir lo que queremos decir y de decirlo de verdad. Desprecia el servilismo. Promueve la buena reputación, y la buena reputación fomenta los buenos negocios.
- *Economía.* La economía significa la administración de los recursos mentales y la vitalidad física. Exige conservar la energía, para lo cual es necesario evitar la debilitante autocompasión y los há-

bitos sensuales. Para quien sigue este principio, contiene fortaleza, resistencia, vigilancia y la capacidad del logro.

- *Generosidad.* La generosidad implica algo más que dar dinero; implica ofrecer ideas, acciones y simpatía, conferir buena voluntad y ser generosos con nuestros rivales.

Comprometerse con la consecución

Las personas con iniciativa se comprometen con la consecución de sus objetivos. El compromiso implica algo más que tomar una determinación.

Cada año, el día de Año Nuevo, millones de personas toman una determinación. Las personas se prometen a sí mismas que perderán peso, dejarán de fumar, aprenderán un idioma, se comportarán mejor con sus padres o sus hijos o harán una mejora sustancial en su trabajo o en su vida personal. ¿Cuántas de estas determinaciones se llevan alguna vez a cabo?

Las determinaciones no se limitan al día de Año Nuevo. Todos, de vez en cuando, decidimos que lograremos algo importante para nosotros –incluso que empezaremos a esforzarnos por conseguirlo–, pero al poco tiempo nos olvidamos de ello.

Paul Peters resolvió someterse a una estricta dieta para perder algo de peso. Comenzó la dieta con mucho entusiasmo, eligiendo sus menús cuidadosamente. Sin embargo, su trabajo exigía frecuentes comidas y cenas de negocios. En estas ocasiones desatendía la dieta por completo. Cuando vio que no estaba perdiendo peso con tanta rapidez como había esperado, se rindió.

Cuando el jefe de Lisa Grant anunció que la empresa iba a instalar un nuevo *software*, ofreció a quien deseara aprenderlo la oportunidad de apuntarse a un programa de formación. Eso les daría un mayor potencial de crecimiento en la empresa. Lisa se apuntó al curso y asistió a las dos primeras clases. Cuando el programa empezó a complicarse, Lisa halló excusas para no asistir y, finalmente, lo dejó.

Considerando que Paul quería realmente perder peso y que Lisa deseaba sinceramente aprender a utilizar el nuevo *software*, ¿qué podrían haber hecho para asegurarse de que lograrían sus objetivos, incluso a pesar de que fuesen más difíciles de lo que pensaron?

A fin de asegurarnos de que alcanzaremos un objetivo, tenemos que *comprometernos con su consecución*. El compromiso es más que tomar una determinación. Es una seria promesa de que haremos todo lo posible por hacer lo que nos hemos propuesto. No podemos tomárnoslo a la ligera. Si seguimos estas indicaciones, tendremos muchas más probabilidades de tener éxito.

ೞ

Recuerda siempre que tu determinación para alcanzar el éxito es más importante que cualquier otra.

Abraham Lincoln

ೞ

Fijarse un objetivo final claro y específico

En lugar de decir «quiero perder peso», es mejor determinar el número exacto de kilos que deseamos perder. De este modo, podremos hacer un seguimiento y comprobar cada día lo cerca que estamos de alcanzar nuestro objetivo. Cuando no podamos cuantificar nuestro objetivo, deberíamos especificarlo tanto como sea posible: «Ser capaces de pedir un plato en francés» o «dar una charla en mi asociación profesional».

Fijarse objetivos intermedios

«Mi objetivo final es hacer treinta piscinas en quince minutos. Al término de la tercera semana, debería nadar treinta piscinas en veinte minutos». «La fecha límite para mi informe es el 30 de marzo. El

10 de marzo habré concluido toda la investigación preliminar; el 20 de marzo habré terminado el análisis estadístico».

Si nos fijamos objetivos intermedios, nos resultará más fácil alcanzar nuestro objetivo final. Debemos ir paso a paso. En lugar de preocuparnos por perder diez kilos, debemos pensar en perder sólo dos kilos y, cuando lo consigamos, pensar en perder dos kilos más, y así sucesivamente.

También nos ayudará a establecer *controles*. Son los puntos críticos a lo largo del camino mediante los cuales podemos medir lo bien que lo estamos haciendo. En la escuela, estos controles pueden ser los exámenes trimestrales o a mitad de trimestre. En el trabajo, pueden ser las evaluaciones periódicas del rendimiento. En nuestro compromiso con la consecución, debemos fijar nuestros propios controles para revisar lo que hemos cumplido y lo que no. Si en estos puntos hemos alcanzado nuestros objetivos intermedios, reforzaremos nuestro compromiso para seguir adelante; si no hemos progresado tanto como habíamos planeado, nos permitirán determinar las medidas que podemos tomar entonces para retomar el camino.

Hacer un contrato

Un contrato es un acuerdo vinculante. Cuando Rocco se vio obligado a abandonar la universidad después de su segundo año académico a causa de problemas económicos, se prometió a sí mismo que se graduaría en un período de cinco años. Sabía que eso implicaba asistir a cursos nocturnos y de fin de semana, gastar en educación una parte significativa de sus ganancias y sacrificar la mayoría de aspectos sociales y recreativos de su vida. Para asegurarse de que lo haría, preparó un contrato por escrito consigo mismo que detallaba su objetivo a largo plazo –graduarse– y los objetivos intermedios: los cursos que realizaría y cuándo esperaba terminarlos. Cuando hallase dificultades o estuviera tentado a reducir sus esfuerzos, releería su contrato y renovaría su compromiso.

Compartir el objetivo con otra persona

El excelente escritor de motivación, Napoleon Hill, aconsejaba compartir nuestros compromisos con otra persona. Rocco dio una copia de su contrato a su hermano Joe, que firmó el contrato en calidad de testigo y prometió vigilar que Rocco se ciñera a él. Al cabo de unos años, por la presión de la universidad y la gran cantidad de trabajo, Rocco se vio tentado a abandonar los cursos, pero el apoyo que le brindó Joe le ayudó a mantener su promesa.

Elegir a la persona o las personas con las que queremos compartir nuestra promesa es importante. Debe ser alguien al que respetemos y no queramos defraudar. Esta persona debe estar tan entusiasmada como nosotros por el cumplimiento de nuestro objetivo. Si el objetivo es personal, podría ser nuestra pareja, un familiar o un buen amigo. En una situación laboral, podemos compartir nuestro compromiso con nuestro mentor, un compañero íntimo de trabajo, un compañero de una asociación profesional o incluso con nuestro jefe, si tenemos una buena relación con él.

Darnos una recompensa

Una vez hayamos alcanzado nuestro objetivo, deberíamos recibir una recompensa significativa. ¿De quién? De nosotros mismos, por supuesto. Max había dejado de fumar docenas de veces, pero siempre recaía a los pocos meses. Cuando se comprometió a dejar de fumar de una vez por todas, se prometió a sí mismo que si mantenía su compromiso durante un año, se compraría el televisor de pantalla plana que siempre había querido. Puesto que ahorró el dinero que anteriormente se gastaba en tabaco, al final del año tenía dinero suficiente para comprarse el televisor. A algunas personas les ayuda a ceñirse a su objetivo el hecho de saber que tienen una recompensa tangible además de la satisfacción de alcanzar su propósito.

A fin de lograr lo que deseamos en la vida es necesario un verdadero compromiso. Si nos fijamos objetivos claros y precisos, especificamos controles para poder medir nuestro progreso, firmamos un contrato con nosotros mismos y lo compartimos con alguien a quien respetamos y nos recompensamos cuando alcanzamos nuestro objetivo, alcanzaremos los objetivos que son importantes para nosotros tanto en nuestro trabajo como en cualquier otro ámbito de nuestra vida.

5. Sensibilidad

Con pocas excepciones, la mayoría de logros exigen la colaboración con otras personas. La empatía –la capacidad de ponernos en la piel de otra persona– es esencial para el éxito. Los directivos deben ser sensibles a los sentimientos de aquellos a quienes supervisan; los representantes de ventas deben ser sensibles a las reacciones de sus clientes; los cargos electos deben ser sensibles a las necesidades de sus electores.

Dos de los principios de Dale Carnegie sobre las relaciones humanas gratificantes son: «Tener un interés genuino por los demás» y «Tratar honestamente de ver las cosas desde el punto de vista del otro».

Si ponemos en práctica estos principios con quienes interactuamos a diario en el trabajo y en nuestra vida privada, les animaremos a dar lo mejor de sí mismos y eso, a su vez, nos ayudará a dar lo mejor de nosotros.

Cultivar el amor por los demás
Cuando nuestro mayor deseo es hacer felices a los demás, cuando este deseo se convierte en una pasión perdurable por ayudar a los demás, nos veremos *impulsados* a hacer todo lo necesario para conseguirlo.

En resumen, sólo los devotos *apasionados* por dar más o mejores servicios, y los devotos *apasionados* por ayudar siempre a más personas, pueden esperar tener éxito, y de donde mejor surge esta devoción es del amor por las personas a quienes ofrecemos nuestra ayuda.

Este deseo de ayudar a los demás es una emoción que carece de peligro para nuestro bienestar mental, que está en armonía con todas las leyes de Dios y de la humanidad, que puede supeditar los sentimientos conflictivos que, de lo contrario, conducirían a la ineficacia, y que proporciona la fuerza impulsora necesaria para la diligencia perdurable y el esfuerzo inspirador.

Igual que con otras reglas, vamos a sopesarla y ver si las historias de personas exitosas la corroboran. Consideremos, por ejemplo, un caso típico de dos cantantes. Los dos tienen talento para cantar canciones populares; los dos tienen buena voz para ese objetivo, a pesar de que tienen mala voz desde el punto de vista de un crítico musical. Con su talento mediocre, no cabría esperar que ninguno de los dos alcanzara el éxito.

Uno de los cantantes nunca llega a ninguna parte. Canta principalmente para sí mismo. Anhela el éxito, pero no ama a su público. Lo primero que piensa es en mostrar lo buen cantante que es. El público advierte su actitud y lo escucha con frialdad. Su fracaso es total y definitivo. El otro cantante ama a su público. Su principal objetivo es hacer feliz a su público. Canta las canciones que les *gusta* a ellos y del modo en que les gusta. Puesto que desea aumentar la felicidad de su público, siempre lo está estudiando a fondo. Inmediatamente advierte si alguno de sus gestos agrada o desagrada. Intenta constantemente determinar, mediante sus distintos conocidos y diferentes tipos de público, qué tipo de canciones gustan más a los demás. Se mezcla con gente todo el tiempo; en primer lugar, porque ama a las personas; en segundo lugar, para descubrir qué les gusta y qué no sobre cuestiones de música. Puede que durante años no logre ganarse la vida mientras intenta aprender qué les gusta a sus queridas personas, pero nada puede desalentarlo. Después de años de pruebas y errores, de un amor tan grande al que no puede rendirse, el público empieza a reconocer su amor por las personas. Empieza a escuchar con respeto, luego entusiasmo, luego placer. «He aquí un hombre como nosotros —piensan— nos conoce y es uno de los nuestros; sabe qué nos gusta y le gusta que nos guste. Le gustamos; por consiguiente, él nos gusta a nosotros. Sus canciones tienen una calidez de la que carecen otros cantantes, por lo menos los cantantes de este tipo de público». De pronto este cantante se hace famoso y alcanza un éxito notable.

En el ejemplo anterior podríamos sustituir los dos cantantes por dos autores, dos guionistas o escritores de novelas, dos constructores, dos propietarios de restaurantes, dos propietarios de gasolineras, dos minoristas, dos fabricantes, dos vendedores, dos pastores, dos abogados, dos médicos o dos de casi cualquier profesión. El éxito normalmente llega a aquellos que aman a su público o clientela y, por consiguiente, sienten una devoción apasionada por dar un mejor servicio o hacer felices a sus clientes.

No debe pensarse que el amor por los demás sólo puede cultivarse en las actividades sociales. Puede fortalecerse en los contactos habituales de nuestra empresa o puesto de trabajo. Los minoristas se mezclan con clientes en sus tiendas, los ejecutivos con sus empleados, los vendedores con clientes y posibles clientes. Mediante una asociación constante, aprenden a amar a su clientela, a disfrutar haciendo felices a los demás a través de sus servicios y, en caso de querer alcanzar el éxito, a tener una devoción apasionada por encontrar maneras y medios a través de los que aumentar el número de personas a las que hacer felices.

ໆ

Fomenta el éxito a partir de los fracasos. El desaliento y el fracaso son dos de los pasos más seguros que nos acercan al éxito.

Dale Carnegie

ໆ

Cultivar una actitud tolerante

La intolerancia ha causado más dolor que cualquiera de las muchas variantes de la ignorancia. Prácticamente todas las guerras han surgido de la intolerancia. Los malentendidos entre los directivos y los trabajadores son, normalmente, producto de la intolerancia.

Es imposible que uno piense correctamente en la justicia sin antes haber adquirido el hábito de la tolerancia. La clase de intolerancia más perjudicial surge de las diferencias de opinión religiosas y raciales. La civilización, tal y como la conocemos hoy, conserva las profundas heridas de la flagrante intolerancia que ha habido a lo largo de las épocas, la mayoría de naturaleza religiosa. El hecho de que seamos buenos o malos vecinos depende en gran medida de lo tolerantes que seamos con los demás.

La intolerancia es el resultado de la ignorancia o, dicho a la inversa, de la falta de conocimiento. Las personas cultas rara vez son intolerantes porque saben que nadie sabe lo suficiente como para juzgar a los demás.

Existen numerosos motivos por los que deberíamos ser tolerantes. El principal es el hecho de que la tolerancia permite que el buen razonamiento nos guíe en la dirección de los datos que, a su vez, nos llevan a desarrollar la capacidad del pensamiento correcto.[1] Aquellas personas con la mentalidad cerrada a causa de la intolerancia, al margen del tipo que sea o de la naturaleza de ésta, nunca podrán tener la capacidad del pensamiento correcto, lo que es motivo suficiente para que aprendamos a dominar la intolerancia.

Tal vez no sea nuestro deber ser tolerantes con otras personas cuyas perspectivas, credos religiosos, ideas políticas y tendencias raciales sean distintas de las nuestras, ¡pero es nuestro privilegio! No tenemos que pedir permiso a nadie para ser tolerantes; es algo que controlamos nosotros, que está en nuestra mente y, por consi-

---

1. El pensamiento correcto (en inglés, *accurate thinking*) hace referencia a la undécima lección de *Las leyes del éxito de Napoleon Hill. (N. de la T.).*

guiente, la responsabilidad que acompaña a esa elección también es nuestra.

La intolerancia cierra la puerta de las oportunidades de mil maneras distintas y empaña la inteligencia. En el momento en que abrimos nuestra mente ante los hechos y asumimos la actitud de qué, rara vez, está dicha la última palabra sobre cualquier cuestión y que siempre cabe la posibilidad de que podamos descubrir más verdades, empezamos a cultivar la ley de la tolerancia. Si practicamos este hábito el tiempo suficiente, pronto nos convertiremos en pensadores con la capacidad de resolver los problemas que afrontamos en nuestra lucha por hacernos un lugar en el ámbito que hemos elegido.

 barra

El éxito es simple. Haz lo correcto, del modo adecuado
y en el momento oportuno.

Arnold H. Glasow

barra

Usar la regla dorada para lograr la cooperación

La regla dorada (trata a los demás como querrías que te trataran a ti) es, en algunos aspectos, la más importante de las leyes del éxito. Aparte del hecho de que durante más de cinco mil años los grandes filósofos han enseñado la ley de la regla dorada, en la actualidad, la amplia mayoría de personas la consideran una especie de texto hermoso sobre el que los predicadores pueden basar sus sermones.

La filosofía de la regla dorada es la verdadera base sobre la que debería educarse a los niños. También es la verdadera base sobre la que debería dirigirse a los adultos. Uno puede ganar una fortuna sin tener en cuenta la regla dorada, y muchos lo hacen ejerciendo la fuerza o aventajándose de las circunstancias injustas, pero estas fortunas no pueden traer la felicidad porque el dinero mal habido está destinado a acabar con la tranquilidad mental de todos.

Las ideas son los productos más valiosos de la mente del ser humano. Si podemos crear ideas útiles y ponerlas en práctica, podremos conseguir todo aquello que deseemos. La riqueza que se crea o adquiere mediante la filosofía de la regla dorada no trae consigo una gran sensación de arrepentimiento, no perturba la conciencia y tampoco acaba con la tranquilidad.

Afortunados son los que convierten la regla dorada en el eslogan de su profesión y luego se ciñen a él religiosamente, tanto en sentido literal como figurado, respetando tanto el espíritu como la letra.

En realidad, la filosofía de la regla dorada se basa en una ley poderosa que, cuando se comprende y se practica con fidelidad, permite a cualquiera conseguir que los demás cooperen con él. Es bien sabido que la mayoría de personas suelen seguir el principio de «toda acción, buena o mala, provoca una reacción». Si difamamos a alguien, alguien nos difamará a nosotros a cambio. Si elogiamos a alguien, también seremos elogiados. Si favorecemos a alguien en una empresa, alguien nos favorecerá a cambio.

Hay excepciones a esta regla, sin lugar a dudas, pero la regla funciona en la mayoría de las ocasiones. Los semejantes se atraen; esto concuerda con una gran ley natural y funciona en toda partícula de materia y en toda forma de energía que hay en el universo. Las personas de éxito atraen a personas de éxito y las personas que fracasan atraen a personas que fracasan.

Hacer más que aquello para lo que nos pagan

La ley de la regla dorada está estrechamente relacionada con la ley del hábito de hacer más que aquello para lo que nos pagan. Si prestamos un mayor servicio del que nos pagan, fomentamos que los demás hagan por nosotros más de lo necesario. Es la base de la filosofía de la regla dorada.

Resulta inevitable que aquellos que hacen más que aquello para lo que les pagan, al final, serán ansiosamente buscados por quienes están dispuestos a pagar por más de lo que se hace. El interés compuesto sobre el interés compuesto es la tasa de la naturaleza cuando tiene que pagar la deuda en la que se ha incurrido mediante la aplicación de esta ley.

Esta ley es tan fundamental, tan obvia, y sin embargo tan simple… Es uno de los mayores misterios de la naturaleza humana que no se comprende ni practica de forma más general. Trás su uso yacen posibilidades que desafiarían la imaginación de la persona más visionaria. Mediante su empleo podemos descubrir el verdadero secreto –todo el secreto que hay– sobre el arte de conseguir que los demás hagan lo que deseamos.

Si queremos que alguien nos haga un favor, debemos preocuparnos de buscar a la persona y, de un modo apropiado, ofrecerle un equivalente del favor que queremos de ella. Si no responde a la primera, debemos duplicar la dosis y ofrecerle otro favor, y otro, y otro, y así sucesivamente hasta que al fin la persona, al menos por vergüenza, nos haga el favor.

Conseguiremos que los demás cooperen con nosotros si primero cooperamos nosotros con ellos

Merece la pena leer cien veces la frase anterior porque contiene la esencia de una de las leyes más poderosas que está al alcance de quienes tienen la intención de lograr un gran éxito. A veces puede ocurrir, y ocurre, que la persona a quien le ofrecemos un servicio útil nunca nos preste un servicio similar, pero debemos tener en mente esta importante verdad: aunque una persona no alcance a respondernos como quisiéramos, otra persona habrá observado la transacción y, tal vez porque desee que haya justicia, o quizás porque tenga un motivo más egoísta en mente, nos ofrecerá el servicio al que tenemos derecho.

Lo que cada uno siembra, eso cosechará.

Gálatas 6:7

ຄະ

La anterior cita de la Biblia es más que una mera exhortación; es una excelente verdad práctica que puede convertirse en la base de todo logro fructífero. Desde caminos serpenteados a caminos rectos, todos los pensamientos que enviemos y todas las acciones que emprendamos, reunirán multitud de otros pensamientos o acciones afines a su propia naturaleza que regresarán a nosotros a su debido tiempo.

No hay escapatoria a esta verdad. Es tan eterna como el universo, tan infalible como la ley de la gravedad. Ignorarla es tacharnos de ignorantes o indiferentes, y ambos calificativos van a echar por tierra nuestras posibilidades de éxito.

6. Habilidad para vender

Al margen de lo competentes que seamos, a menos que logremos vender nuestras ideas a los demás no podremos alcanzar el éxito. Tanto si se trata de persuadir a nuestro jefe para que implemente una propuesta, como de pedir a nuestros compañeros que cooperen con nosotros para un proyecto o que los trabajadores que están a nuestro cargo se esfuercen más, nuestra habilidad para «vender» es esencial para nuestro éxito. Si creemos sinceramente en lo que estamos vendiendo, no nos resultará difícil proyectar esa creencia en los demás.

Conviene estudiar las técnicas de los mejores vendedores con quienes hemos hecho tratos. Puede ser el hombre que nos vendió el coche, la mujer que cerró la venta de nuestra casa o el representante de ventas que nos vendió el *software* de nuestra empresa. Independientemente del producto que se trate, todos estos vendedores enfocaron la venta de un modo sistemático y bien considerado.

Tal vez no estemos vendiendo un artículo tangible, pero si queremos que nuestras ideas cambien o instituyan un nuevo concepto que adoptar, el hecho de seguir el estilo de estos excelentes vendedores aumentará nuestras probabilidades de éxito.

El capítulo 4 de este libro, en el que hablaremos acerca de cómo sugerir e iniciar un cambio, contiene indicaciones y enfoques específicos sobre cómo vender nuestras ideas.

7. Perseverancia

Una de las principales causas del fracaso es el hecho de rendirse con demasiada facilidad. Las personas que prosperan insisten en alcanzar sus objetivos a pesar de los obstáculos. Edison creó el filamento que hizo que funcionara su primera bombilla eléctrica sólo después de fracasar miles de veces. Es fácil desalentarse cuando tras mucho esfuerzo no recogemos ningún fruto.

Es muy tentador rendirse. Conviene tener presente este antiguo dicho: «Si a la primera no lo logras, vuélvelo a intentar». Tal vez lo único que necesites sea un nuevo enfoque o distintos puntos de vista.

ભ

La mayoría de personas se rinden justo cuando están a punto de alcanzar el éxito. Se retiran cuando están a un metro de la portería. Claudican en el último minuto del juego, a escasos centímetros de marcar un gol.

Ross Perot

ભ

La determinación es la armadura contra la cual rebotan sin causar daño los misiles de la adversidad. Tenemos que hacernos a la idea de que cuando damos rienda suelta y decimos «adelante», nos acercamos al éxito.

Rara vez ha salido al mercado un gran invento sin que numerosas personas reclamasen que ellas habían tenido la idea primero –y en muchos casos lo demostraron–. Sin embargo, cuando surgieron problemas que paralizaron su progreso, se rindieron, mientras que las personas que se negaron a ceder y perseveraron, superaron los problemas e hicieron posible el invento. Pensemos en Mark Zuckerberg y en los hermanos Winklevoss.

La idea más maravillosa carece prácticamente de valor hasta que el inventor hace que funcione y la pone en práctica. El gobierno recompensa a la primera persona que hace una patente o que pone en práctica por primera vez su invento, y el mundo hace lo mismo. Por consiguiente, el soñador siempre debe preceder al inventor.

Toda persona que esté dispuesta a hacer sacrificios puede ser una persona de éxito. No nos referimos a sacrificios económicos, sino al sacrificio del esfuerzo. La primera cualidad esencial para alcanzar el éxito es el deseo de hacer algo, de ser algo. Lo siguiente es *descubrir* cómo hacerlo. Después, ponerlo en marcha. De ello se desprende que la persona con más capacidad de cumplir algo es la que tiene una mente abierta, la que ha adquirido conocimientos. Por consiguiente, para tener éxito debemos ser críticos, adquirir todo el conocimiento que podamos y perseverar con nuestra tarea hasta que la terminemos satisfactoriamente.

Otro aspecto de la perseverancia es el hecho de intentar siempre mejorar, al margen de dónde estemos o de cuál sea nuestro cargo. Conviene aprender todo lo que podamos. No debemos pensar en lo poco que podemos hacer, sino en lo mucho que podemos hacer. Siempre habrá demanda de personas como nosotros porque nos habremos ganado la reputación de ser personas trabajadoras. Siempre hay sitio para las personas así; las empresas prósperas nunca permiten que un buen trabajador deje su cargo si pueden hacer algo para evitarlo.

Quienes alcanzan la cima son los trabajadores enérgicos, resueltos y cumplidores, nunca los trabajadores tímidos, inseguros y lentos. Las personas que no han sido puestas a prueba nunca ocupan un cargo de responsabilidad y poder. Los individuos seleccionados son los que han hecho algo, los que han conseguido resultados en algún ámbito o que han asumido el liderazgo de su departamento. Los seleccionan porque tienen fama de esforzarse enérgicamente y porque antes han mostrado que tienen carácter y determinación.

Quienes son elegidos en un momento crucial normalmente no son genios. No poseen más talento que los demás, pero han aprendido que los resultados sólo se producen con un esfuerzo incansable, intenso y continuado. Saben que los milagros no ocurren porque sí, sino que la única manera de que ocurran es ciñéndose a una propuesta y llevándola a término. Es el único secreto que da cuenta de por qué algunos tienen éxito y otros fracasan. Aquellos que logran el éxito se acostumbran a que se cumplan los objetivos y siempre se sienten seguros de que alcanzarán el éxito. Quienes fracasan se acostumbran al fracaso; lo esperan y, por consiguiente, lo atraen.

Resumen

Con la formación adecuada, cualquier persona podría alcanzar el éxito. Realmente, es una vergüenza que se permita desperdiciar a tantos hombres y mujeres con tanta capacidad y talento que han perdido el control de sí mismos. En algún momento a lo largo del camino, por alguna desavenencia, la voluntad de estas personas ha flaqueado, o por algún disgusto o desgracia, se han desalentado. Al principio lo único que necesitan es un poco de ayuda para volver a ponerse en pie, pero en vez de eso, normalmente reciben un palo. En consecuencia, nunca desarrollan sus poderes latentes, y tanto ellos como el mundo salen perdiendo. Pero estas personas pueden salvarse. Lo único que necesitan es que alguien les muestre que en su interior poseen el poder del cambio. Su mente sólo tiene que dejar de pensar en la desesperación y pensar en la esperanza a fin de recuperar el control de la situación.

Cuando hoy en día perdemos el control, debemos lograr la salvación por medio de nuestra propia voluntad. Apenas recibiremos estímulos o consejos que logren inspirarnos. Hoy en día debemos vencer solos nuestras tendencias perjudiciales. No podemos depender de nadie para recibir ayuda. Nos corresponde a nosotros prepararnos, llegar a una firme determinación y resolver derrotar nuestros vicios y debilidades. Nadie puede hacerlo por nosotros. Pueden animarnos, pero eso es todo.

Nada debería interferir en nuestro proceso por alcanzar el éxito. No hay impedimento, ni siquiera la mala salud, que no podamos superar si tenemos más resolución, coraje y fuerza de voluntad.

Si ponemos en práctica estos siete principios, aumentarán drásticamente nuestras posibilidades de lograr el éxito en todas nuestras iniciativas. Además de las cualidades comentadas, a continuación, se enumeran once sugerencias que pueden guiarnos en nuestro camino hacia el éxito tanto en nuestro trabajo como en nuestra vida.

1. El éxito significa vivir una vida fructífera. Cuando estamos tranquilos, felices, alegres y hacemos lo que nos gusta, nuestra vida es fructífera.
2. Descubrir aquello que nos gusta y realizarlo. Si no lo sabemos, podemos pedir orientación; así surgirá la idea.
3. Especializarnos en un ámbito determinado y tratar de saber más que nadie sobre el tema.
4. Una persona exitosa no es egoísta. Su principal deseo en la vida es servir a la humanidad.
5. No existe el verdadero éxito si no se goza de tranquilidad interior.
6. Una persona exitosa tiene un amplio conocimiento psicológico y espiritual.

7. Si imaginamos un objetivo con claridad, lograremos los medios para alcanzarlo a través del milagroso poder de la mente.

8. Nuestro pensamiento, unido a nuestras emociones, se convierte en una creencia subjetiva, y conforme a nuestras creencias nos ocurren determinadas cosas.

9. El poder de la imaginación sostenida pone al descubierto el poder milagroso de la mente.

10. Si queremos ascender en el trabajo, imaginemos a nuestro jefe, supervisor o ser querido felicitarnos por nuestro ascenso. La imagen tiene que ser vívida y real. Debemos escuchar su voz, ver sus gestos y sentir la realidad de esa situación. Si seguimos haciéndolo con frecuencia por medio de la visualización, experimentaremos la alegría de haber obtenido respuesta a nuestra oración.

11. La idea del éxito contiene todos los elementos del éxito. Si nos repetimos la palabra «éxito» habitualmente con fe y convicción, estaremos coaccionados subconscientemente para alcanzar el éxito.

2

La importancia de realizar cambios

El cambio es la ley de la vida. Aquellos que sólo miran el pasado o el presente,
sin lugar a dudas, pasarán por alto el futuro.

John F. Kennedy

Sin duda, el mundo está cambiando a una velocidad que nunca habíamos experimentado, ni siquiera imaginado. Industrias enteras nacen y mueren, al parecer de un día para otro. Muchas de las empresas que lideran y anticipan estos rápidos cambios para beneficiarse de los mismos han tenido un éxito notable. Sin embargo, aquellas a los que los cambios han cogido por sorpresa, de improvisto o agobiadas, descubren que se quedan por detrás de sus rivales. Muchas de estas empresas han sufrido grandes pérdidas o se han quedado completamente fuera del mercado.

Uno de los motivos por el que muchas empresas no logran estar a la altura del desafío que supone el cambio es porque se autocomplacen con los viejos sistemas y procedimientos con los que siempre han trabajado. Se han convertido en esclavas de la cultura –el modo organizativo de la vida– en la que se sienten cómodas.

Si queremos sobrevivir, deberíamos observar el razonamiento que siguen nuestras empresas desde una actitud de descontento constructivo a fin de determinar si las prácticas que empleamos conducen a los resultados deseados. En caso de no ser así, deberíamos estar preparados para realizar los cambios que sean necesarios con objeto de guiar la organización hacia la mejora y el éxito.

Hasta hace poco tiempo era raro ver un ordenador en el escritorio de un ejecutivo. Sólo tenían ordenadores los especialistas, que entregaban listados impresos a los directivos. Hoy en día, los ordenadores son un instrumento esencial en el escritorio de casi todos los ejecutivos. En vez de depender de los informes de especialistas, tienen a su alcance información en tiempo real. El diseño y el dibujo digitalizado, la fabricación asistida por ordenador, la robótica y las tecnologías continuamente cambiantes han pasado a formar parte de las empresas más avanzadas. Estos cambios han obligado a las empresas a volver a examinar y reestructurar aquellos aspectos de su cultura relacionados con la tecnología.

ↄ

Nada es permanente a excepción del cambio.

Heráclito

ↄ

Sin embargo, los cambios no son exclusivos del ámbito tecnológico. Muchos directivos exitosos tienen la costumbre de evaluar periódicamente todo proceso, práctica y sistema que utilizan en su empresa. Tanto si formamos parte de la dirección de una empresa como si somos socios que estamos involucrados en el proceso, deberíamos comprometernos a seguir buscando cómo mejorar nuestra labor y apoyar los cambios que conduzcan a ello.

Además, debido a la reestructuración de muchas empresas que, en muchos casos, han reducido la plantilla y externalizado el trabajo, con frecuencia la moral de los trabajadores ha resultado dañada. La lealtad y la dedicación incondicional de los trabajadores, que consideraban que su trabajo era su profesión y que su cargo era relativamente seguro, han sido remplazadas en un buen número de estas empresas por susceptibilidad y escepticismo. Es necesario idear una nueva cultura organizativa a fin de superar estas cuestiones y renovar entre la plantilla una actitud de compromiso y cooperación.

En realidad, a lo largo de los últimos años han surgido nuevos conceptos de gestión de personal que han aumentado la productividad, enriquecido el lugar de trabajo y estimulado la creatividad y la innovación. Es mucho más fácil lograr el reconocimiento y la aceptación de los cambios tecnológicos que el hecho de que los directivos cambien su forma de tratar con las personas.

Los desafíos que supone comprometerse con el cambio

Cada vez que algo importante cambia en una empresa surgen desafíos. Algunos son personales, otros surgen en el seno de los equipos de trabajo y otros afectan a toda la empresa. Para afrontar con éxito un cambio organizativo, debemos ser conscientes de los desafíos y estar preparados para lidiar con ellos tanto a nivel profesional como personal.

Normalmente, los cambios dan lugar a alguna clase de resistencia. Con frecuencia sentimos que estamos perdiendo poder, autonomía o recursos debido al entorno cambiante de nuestro trabajo. Como consecuencia de ello, nos aferramos al *statu quo*. Para garantizar el éxito, debemos desafiarnos a nosotros mismos y convencer a los demás para que dejen de oponerse y se centren en los resultados positivos.

Uno de los mayores desafíos que surgen a raíz de comprometernos con el cambio es el simple hecho de conseguir que los demás se tomen en serio dicho cambio. Durante los períodos de cambio, hay personas que con frecuencia adoptan una actitud de «esperar a ver qué sucede», sin llegar a aceptar el cambio ni tampoco a oponerse.

Nuestro desafío consiste en lograr alentarnos a nosotros y a las personas con las que trabajamos a fin de aceptar el cambio, apoyarlo e incluso defenderlo.

Minimizar la ansiedad

Todos experimentamos grandes cambios en nuestra vida
que son más o menos una segunda oportunidad.

Harrison Ford

La mayoría de nosotros sentimos mucha ansiedad cuando se proponen cambios que van a afectarnos. Es más probable que las personas acepten el cambio y que los equipos funcionen mejor cuando la ansiedad es mínima. Nuestro plan de acción para minimizar la ansiedad consiste en comprender el plan para el cambio, expresar nuestro grado de compromiso con el plan y reconocer que el plan y nuestro rol en él van a evolucionar durante el cambio.

Lograr la cooperación de los demás

Cualquier cambio en nuestra empresa puede perturbar la cooperación. Durante el cambio, las empresas muchas veces descubren que peligran la cooperación y la comunicación entre departamentos, equipos e incluso empleados. Como agentes del cambio, tenemos ante nosotros el desafío de acabar con esas barreras y construir puentes de cooperación entre los distintos departamentos de la empresa.

Cuando el entorno de trabajo está cambiando, normalmente surge confusión acerca de las prioridades. Si vamos a contratar a un nuevo director, por ejemplo, ¿cuál creerá que es la prioridad más importante? Si queremos superar el cambio con éxito, ¿en qué deberíamos centrarnos primero? Debemos afrontar este desafío con una comunicación prudente y minuciosa. No podemos tener éxito si utilizamos un modelo de dirección dictatorial propio del ejército. Necesitamos cada julio de energía y creatividad con el que puedan contribuir nuestros empleados para seguir siendo competitivos en el mundo empresarial rápidamente cambiante y altamente competitivo.

Determinar cómo perciben la situación los empleados

ಞ

Hacía tiempo que me llamaba la atención el hecho de que las personas que alcanzan logros rara vez volvían a sentarse a esperar que les ocurrieran cosas. Salían y hacían que ocurrieran cosas.

Leonardo da Vinci

ಞ

Antes de poder realizar cualquier acción, es importante determinar cómo perciben la situación las personas implicadas. Dale Carnegie and Associates, Inc. ha desarrollado un método para este fin. Se denomina «Intravista sobre el compromiso con el cambio». Puede llevarla a cabo un supervisor con sus empleados, un consultor o un miembro de la directiva.

Otra opción es dejar que los empleados lleven a cabo estas «intravistas» entre sí. El objetivo es doble. El primero es profundizar en el conocimiento acerca de cómo pueden reaccionar al cambio los empleados. El segundo es para que las personas «intravistadas» conozcan mejor su propia reacción al cambio. La «intravista» consiste en tres categorías de preguntas.

Preguntas objetivas

El primer conjunto de preguntas gira en torno a la obtención de información relevante. Por ejemplo, si el cambio implica modificar el modo de realizar una tarea:

- ¿Cómo llevarás a cabo esta nueva parte del trabajo a partir de ahora?
- ¿Qué aspectos te resultan más fáciles?
- ¿Qué aspectos te parecen más difíciles?
- Si pudieras cambiar un aspecto del trabajo, ¿qué cambiarías?

Preguntas causativas

Las preguntas causativas determinan los motivos o los factores causativos de algunas preguntas objetivas. Normalmente, son preguntas acerca de «por qué» y «cómo».

- ¿De qué modo los métodos que ahora utilizas ayudan o dificultan la consecución de los objetivos del departamento?
- ¿Por qué ayudan o dificultan?
- ¿Qué te gusta especialmente sobre los métodos actuales?
- ¿Qué te desagrada especialmente de los métodos actuales? ¿Por qué?

Preguntas de valoración

Por último, las preguntas de valoración nos ayudan a conectar con los valores del otro y con el valor que da a las cosas.

- ¿Qué cambio realizado en el trabajo puedes recordar todavía?
- ¿Cuál fue el resultado final de ese cambio?
- ¿Qué aprendiste sobre ti mismo?
- ¿Qué punto fuerte ves en ti?
- ¿Qué impacto tuvo tu punto fuerte en esa situación?
- Explícame un período en el que utilizaras ese punto fuerte en otra situación de cambio.

El modelo de cambio

Realizar un cambio en el trabajo puede ser una experiencia impredecible porque los procesos y las personas evolucionan de formas diversas a medida que atraviesan el cambio. No hay dos individuos que respondan exactamente de la misma manera a los cambios en el trabajo. De igual modo, implementar cambios idénticos en múltiples departamentos de una empresa produce resultados completamente distintos.

El siguiente modelo de cambio muestra cómo podemos liderar el proceso de cambio preparándonos rigurosamente para el mismo y estando abiertos a varios resultados. Este modelo nos permite adoptar un enfoque estructurado sobre el cambio organizativo y, al mismo tiempo, mantener la flexibilidad.

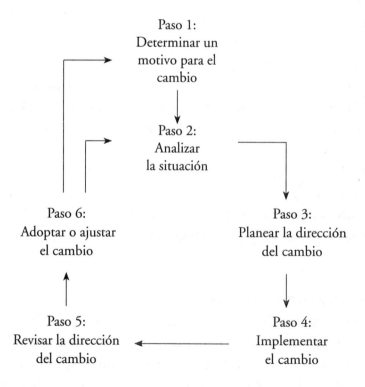

Paso 1. Determinar un motivo para el cambio

El modelo de cambio empieza en el momento en el que la empresa encuentra una motivo para realizar el cambio. A veces lo que motiva el cambio son cuestiones externas, como una reorganización, una revisión de la directiva, una reubicación o una adquisición o fusión. En otras ocasiones lo que motiva el cambio son fuerzas internas, como una actualización tecnológica o una expansión de los productos o servicios.

Paso 2. Analizar la situación

A medida que la empresa se motiva cada vez más para el cambio, los directivos emprenden un análisis profundo de los riesgos y las oportunidades asociadas al cambio que han propuesto.

- ¿Cuáles son los posibles beneficios de realizar el cambio?
- ¿Cuáles son los costes?
- ¿Cuáles son los riesgos de realizar el cambio?
- ¿Cuáles son los riesgos de no realizarlo?

Paso 3. Planear la dirección del cambio

Una vez resuelto que las oportunidades compensan los riesgos de realizar el cambio, se concibe un plan para implementar el cambio. Muchas iniciativas para realizar un cambio en una empresa fracasan por la falta de un plan detallado y riguroso. En este paso del modelo se prepara el terreno para el éxito o el fracaso del cambio. Los elementos más importantes del plan deben incluir:

- El impacto del cambio sobre los individuos a los que más les afectará.
- El impacto del cambio en los sistemas de la empresa a los que más afectará.
- Un plan detallado de la integración del cambio en la empresa.
- Un plan de revisión para medir el éxito del plan propuesto.

Paso 4. Implementar el cambio

En función del tipo de cambio y de su alcance, su implementación en la empresa puede ser gradual o abrupta. Algunos cambios, como los despidos o las adquisiciones, normalmente se implementan sin apenas previo aviso, mientras que la contratación, la reorganización o los cambios tecnológicos pueden realizarse por etapas durante un período de tiempo. En esta etapa del proceso de cambio, la función más importante de los directivos es mantener un diálogo abierto y sincero entre ellos y con los demás empleados.

- Definir las responsabilidades de cada uno. A pesar de que el cambio normalmente afecta a muchos individuos, cada persona involucrada desempeña un papel específico. Bill puede ser responsable de la fase A, Sue de la fase B, etcétera. Aclarar lo que se espera que haga cada uno con todo el detalle necesario es la clave para alcanzar el objetivo.
- Anunciar e iniciar el cambio. Si el cambio es relativamente secundario, suele bastar con una reunión entre el jefe y sus empleados para preparar el terreno y empezar. En los cambios más complejos, es posible que sean necesarias varias reuniones a distintos niveles. Todos los implicados deben comprender lo que se debe hacer, no sólo uno mismo y su equipo, sino también las

demás unidades participativas y el modo en que se interrelacionarán.

- Ajustarse al calendario. El calendario para cada fase del proyecto debería estar claro para todos; también deberían determinarse los pasos a seguir para advertir los posibles imprevistos a fin de que nadie se quede atrás y retrase todo el proyecto.
- Repetir los beneficios. Al comienzo del proceso de cambio, debería haberse convencido a todos los participantes acerca de los beneficios que les aportará el cambio. Durante el proceso de cambio y de manera periódica, deberían repetirse estos beneficios a todos los implicados a fin de reforzar su motivación.

Paso 5. Revisar la dirección del cambio

En cuanto se ha implementado el cambio, debemos hacer un seguimiento de los resultados de la nueva estructura y el nuevo sistema. Como miembros de un equipo en un entorno de trabajo cambiante, no podemos asumir que el cambio evolucionará según lo previsto, o que cada individuo a quien el cambio haya afectado reaccionará según hemos anticipado. Nuestro papel consiste en determinar revisiones periódicas para ver si el cambio funciona tal y como habíamos planeado y produce los resultados deseados.

- Determinar mecanismos para medir los resultados. La forma de medir los resultados puede ser cuantitativa o cualitativa o, en caso de que ninguno de estos métodos sea factible, mediante criterios ideados específicamente para este fin.
- Comunicar los criterios para determinar los resultados positivos del cambio. Es mejor que estos criterios estén por escrito en un manual, una orden o un memorando y que se refuercen en las reuniones de capacitación y las charlas individuales con cada persona implicada. Conviene coordinar la reunión y medir los efectos del cambio. No sólo deberían conocer los criterios y el seguimiento

los miembros de nuestro equipo de trabajo, sino también todos los demás a los que les afecte el cambio.

- Informar sistemáticamente a los miembros clave del equipo durante el proceso de revisión. Permitir que los miembros del equipo sepan si ocurren imprevistos y cuándo ocurren y trabajar con ellos para corregirlos.

Paso 6. Adoptar o ajustar el cambio

Si el proceso de revisión concluye que el cambio no está funcionando según lo planeado, es necesario realizar ajustes en la implementación del cambio. Asumiendo que hemos ejecutado con precisión nuestro plan y análisis del cambio, deberíamos poder ajustar la implementación del cambio a fin de lograr los resultados que deseamos. He aquí una guía para conseguirlo:

- Determinar qué resultados no ha logrado nuestro plan.
- Conseguir que los individuos clave determinen los ajustes que es necesario realizar.
- Mantener un diálogo abierto con todos los implicados.
- Realizar ajustes en el proceso de revisión así como también en la implementación del cambio.

Cuatro preceptos fundamentales

Los planes que han sido más fructíferos siguen cuatro preceptos fundamentales:

1. Son simples. Escritos en un lenguaje claro y sencillo, los planes que prosperan son fáciles de comprender por los responsables de su funcionamiento. En lugar de teorías y lógicas, proporcionan un enfoque sensato para abordar las situaciones que surgen.

2. No reducen la creatividad. Cada objetivo está cuidadosamente dividido en fases a fin de evitar cualquier malentendido. Sin embargo, el plan general no incluye detalles. Las estrategias y las tácticas se desarrollan a medida que el plan avanza. Así no se ata al grupo encargado de la implementación del plan, sino que se permite que los miembros del grupo reaccionen de manera flexible y se fomenta que hagan uso de su creatividad para vitalizar el plan.

3 Se concentran en los resultados inmediatos. A pesar de que nunca se pierden de vista los objetivos a largo plazo, a fin de cobrar impulso y tener credibilidad, la gente quiere ver resultados inmediatos. La realización de cambios específicos en las primeras etapas del proceso alienta a todos a seguir avanzando.

4. Destacan los beneficios del cambio. A diferencia del enfoque tradicional, que se centra en el qué, el dónde y el cómo, un plan eficaz para el cambio pone énfasis en el por qué. Cuando las personas comprenden por qué el plan beneficiará tanto a la empresa como a ellas mismas, refuerzan su compromiso.

ೞ

La mayoría de cambios que creemos ver en la vida obedecen a verdades que ganan y pierden aceptación.

Robert Frost

ೞ

Adoptar un enfoque creativo del cambio

Afrontar el cambio con profesionalidad significa hacer uso de nuestra creatividad. Puesto que nuestro entorno será nuevo en lo esencial después del cambio, ¿qué mejor momento para ser innovadores y creativos? Si pensamos y actuamos con creatividad, podremos hacer que el proceso de cambio sea más emocionante y una experiencia de crecimiento profesional, y podremos lograr resultados más dinámicos e interesantes. A fin de sacar provecho de nuestro potencial creativo, recordemos estas pautas:

- *Mantener la mente abierta.* Demasiadas veces impedimos el proceso creativo porque nos centramos en lo que no funciona en vez de pensar en lo que sí funciona. Reprimimos la creatividad porque tenemos la mente cerrada y demasiado concentrada en los impedimentos. Incluso si al principio una idea parece fuera de lugar, conviene mantener la mente abierta, permitir que la idea crezca y ver qué sale de ella.
- *Estudiar.* No tenemos que idear soluciones de la nada. Muchas empresas han experimentado el cambio. Montones de libros se han escrito sobre el tema. Debemos estudiar cómo otros han logrado negociar con un entorno de trabajo cambiante y basarnos en sus ideas.
- *Diálogo.* Los estudios sobre el cambio en la empresa han mostrado que los individuos se sienten aislados durante el cambio, incluso aunque los demás miembros de la empresa estén experimentando los mismos cambios. Conviene hablar con otras personas que hayan vivido cambios similares y dialogar con las personas clave del proceso de cambio en la empresa para comprender los planes, los objetivos y los resultados posibles del mismo.
- *Reflexionar.* Los períodos de cambio en el trabajo son buenas oportunidades para realizar un inventario personal. Pregúntate: ¿Cómo puedo expandir mis habilidades y conocimientos si participo plenamente en el cambio? ¿Cómo puedo lograr nuevas oportunidades? ¿En qué aspectos debo ser más abierto y estar más receptivo a los cambios?
- *Imagina.* Quizá este cambio sea la oportunidad de nuestra vida. ¿Por qué no imaginamos de qué formas podemos sacar lo mejor

de este cambio y ampliar nuestras habilidades y conocimientos? Lo que podemos imaginar en nuestra profesión no tiene límites si aceptamos el cambio en nuestro trabajo de forma creativa.

Infundirnos energía para el cambio

Uno de los resultados más desafiantes del cambio es que podemos sentirnos exhaustos. Todos nuestros esfuerzos están centrados en nuevas tareas, responsabilidades y relaciones. Por eso debemos buscar maneras de mantener e incluso aumentar nuestra energía durante las épocas de cambio. Algunas estrategias para infundirnos energía incluyen:

- *Reproducir una imagen en nuestra mente.* Nada es más motivador que crear una imagen convincente. Debemos imaginar que prosperamos como resultado del cambio. Imaginemos los beneficios de crecer a raíz del cambio: tenemos nuevas oportunidades y la posibilidad de construir un futuro más emocionante y dinámico.
- *Hacer una lista de oportunidades.* ¿Qué oportunidades nos ofrece el cambio? Debemos hacer una lista de todas las formas en que podemos crecer, aumentar nuestras habilidades, conocer a personas influyentes y añadir una experiencia valiosa a nuestro currículo.
- *Crear energía.* Es difícil crear energía en el vacío. La mayoría necesitamos el estímulo de otras personas y sus ideas, aportaciones, reacciones y apoyo. Las épocas de cambio ofrecen una oportunidad para ampliar nuestra red de personas que nos entienden, creen en nosotros y están dispuestas a ayudarnos a seguir adelante.
- *Construir puentes.* Los cambios en cualquier empresa normalmente implican la instauración de nuevas relaciones. A veces nos resistimos a estas nuevas relaciones, especialmente si implican la figura de un nuevo supervisor o percibimos que hemos perdido autoridad. En vez de evitar estas nuevas relaciones, deberíamos

captar su energía aceptándolas y construyendo puentes entre nosotros y las personas con las que topamos. Conocer personas nuevas, normalmente, aporta mucha energía porque hallamos puntos en común entre nuestros valores y objetivos, y creatividad en la colaboración.

Reforzar la motivación

Ante un cambio, muchas personas necesitan reforzar su motivación. He aquí doce propuestas que pueden ser de ayuda:

1. Tener paciencia. Lo que ahora nos parece una eternidad, en los próximos años nos parecerá que ha sido un «instante».
2. Considerar sólo un día cada vez y confiar en que tendremos todo lo que realmente necesitamos.
3. Estar dispuestos a afrontar lo que sucede. Poner a prueba la nueva realidad con un amigo que nos conozca y pueda apoyarnos.
4. Probar de abandonar lo antiguo para que pueda surgir lo nuevo.
5. Dedicar un tiempo a aprender sobre el cambio.
6. Buscar la oportunidad. No siempre es obvio lo que el cambio nos puede deparar. No hay que dejar de buscar.
7. Permanecer al mando de nuestra actitud. Podemos hacer que el día brille tanto como queramos.
8. Dejar a un lado la necesidad de controlar. Cuando lo consigamos, habremos hecho un gran avance.
9. Prepararnos para algo nuevo. Nunca se cierra ninguna puerta sin que se abra otra.
10. Sentir nuestros temores y hacer aquello que nos dé miedo de todos modos. Debemos contemplar el miedo como si fuera una energía disfrazada.
11. Confiar en el proceso. El camino estará abierto y obtendremos respuestas.

12. Resolver que depende de nosotros hacer que el cambio funcione. Asumir que somos propietarios del cambio.

Los errores más comunes cuando realizamos cambios

Cuando abordamos un cambio en una empresa, hay ocho errores comunes que podemos cometer. Estos errores socavan la buena intención del cambio y fomentan la resistencia y la falta de compromiso individual. Si los evitamos, conseguiremos que todos los miembros de la empresa acepten los cambios que recomendamos.

1. Implementar demasiados cambios en un período de tiempo demasiado breve.

   Las personas sólo pueden encargarse de cierto número de cambios a la vez sin sentirse abrumadas y consumidas. Cuando nos encarguemos de un cambio, debemos prestar especial atención al calendario de las nuevas iniciativas. Conviene preguntar qué cambios son más urgentes y debemos abordar hoy, y qué cambios podrían introducirse más tarde. De este modo, no sólo conseguiremos que los demás cooperen más con nosotros, sino que también serán más productivos antes, durante y después de la implementación de los cambios.

2. Falta de una idea y estrategia del cambio a largo plazo.

   Con demasiada frecuencia en las empresas, se toma la decisión de implementar un cambio en el presente y abordar las consecuencias más adelante. Para abordar un cambio con profesionalidad, debemos crear una idea clara a largo plazo y comunicarla en el seno de la empresa, además de diseñar una estrategia más allá de la etapa inicial de implementación del cambio.

3. No ofrecer un argumento convincente respecto al cambio.

Sólo porque la directiva de la empresa comprenda la necesidad del cambio no significa que el resto de empleados vea el propósito del mismo. Las personas deben estar convencidas de que el cambio es valioso y merece la pena aceptarlo, algo que conseguiremos si damos y comunicamos un argumento sólido sobre el cambio, con el respaldo de pruebas relevantes.

4. Habilidades individuales limitadas.

Algunos cambios, como los ascensos y los traslados, tienden a poner a los individuos en los límites de sus habilidades profesionales. Para evitar este error, debemos preparar y capacitar a los individuos con previsión, si es posible, o inmediatamente después de haber implementado el cambio.

5. Escasez de recursos.

Muchas iniciativas de cambio que empiezan de manera prometedora terminan decayendo y muriendo a causa de la falta de recursos necesarios. Una de las funciones de quien dirige el cambio consiste en asegurar que la empresa está empleando los recursos necesarios en cuanto a tiempo, dinero y mano de obra para llegar a ver cómo el cambio logra implementarse con éxito.

6. Resistencia de la directiva a sus roles cambiantes.

Cuando la directiva de la empresa se resiste a los cambios, el éxito de una iniciativa corre peligro. Normalmente, esa negativa se da porque la directiva ve que se erosiona su control y responsabilidad como resultado del cambio. La directiva necesita más flexibilidad que nadie en la empresa a fin de que el cambio sea fructífero.

7. No lograr integrar y coordinar todas las iniciativas de cambio.

Todo proceso que cambia en una empresa ejerce un impacto sobre los procesos en los que está integrado y con los que está relacionado. Por ejemplo, un cambio de *software* no sólo afecta a todos los que lo utilizan, sino también a los demás programas relacionados con este *software* y a todos los clientes, vendedores o empleados que estén conectados en red con ese *software*.

8. Falta de seguimiento, medición y supervisión de los resultados del cambio.

¿Qué buen recibimiento y aceptación ha tenido el cambio? ¿Cuánto han mejorado los sistemas y los procesos a consecuencia del cambio? ¿Qué cambios adicionales podrían hacer todavía más próspera la iniciativa? Con frecuencia, no nos hacemos este tipo de preguntas y, en consecuencia, apenas hay sensación de consecución o de compromiso para realizar cambios en el futuro.

Dirigir a los demás durante períodos de cambio

En su clásica obra, *Cómo ganar amigos e influir sobre las personas*, Dale Carnegie presentó una serie de pautas acerca de cómo ganar adeptos de nuestras propias ideas. He aquí algunos de estos principios que son especialmente útiles cuando tratamos con personas en procesos de cambio (en el Apéndice B de este libro puede hallarse una lista completa de estos principios).

- Comienza con un elogio y un reconocimiento sinceros.
- Llama la atención sobre los errores de los otros indirectamente.
- Habla de tus errores antes de criticar los del otro.
- Haz preguntas en lugar de dar órdenes directas.
- Permite que el otro guarde las apariencias.
- Elogia todas y cada una de las más leves mejoras.
- Sé «desbordante en tu aprobación y generoso en tu elogio».
- Otorga a la otra persona una magnífica reputación para que esté a la altura de ella.

- Haz que el error parezca fácil de corregir.
- Consigue que la otra persona sea feliz haciendo lo que sugieres.

Dirigirse a uno mismo durante el cambio organizacional

ɔ

Siempre dicen que el tiempo cambia las cosas, pero en realidad somos nosotros quienes tenemos que cambiarlas.

Andy Warhol

ɔ

Si somos gerentes de una empresa, se espera de nosotros que seamos un modelo acerca de cómo responder adecuadamente al cambio. Otros empleados de la empresa nos observan para ver cómo reaccionamos ante el cambio en el trabajo. Por eso tenemos que recordar que debemos permanecer al mando de nuestras acciones y actitudes.

1. Evitar los pensamientos negativos. Cambiar nuestros pensamientos de resentimiento o miedo por pensamientos de crecimiento y oportunidades.
2. Estar abiertos respecto a nuestras preocupaciones. Permitir que los demás entiendan nuestro modo de pensar.
3. Ser realistas sobre los desafíos que surgen cuando uno ha abordado con éxito el cambio.
4. Reunir información con preguntas e investigaciones. Tener tanta información del cambio como sea posible. Utilizar el enfoque de la «intravista» descrito en este capítulo.
5. Ser todo lo productivos que podamos en nuestra función actual. Centrarnos en tareas organizativas y administrativas, y así estar listos para ceder a otra persona nuestras actuales responsabilidades. Estar preparados para demostrar nuestra competencia.

Muchos de nosotros no encabezamos el cambio, pero somos partícipes del mismo. El capítulo 4 tratará acerca de cómo podemos aceptar y cooperar con los cambios en los que estamos implicados (pero que no lideramos).

Superar el miedo

೪

En un mundo competitivo tienes dos posibilidades:
puedes perder o, si quieres ganar, puedes cambiar.

Lester C. Thurow

೪

Tanto si lideramos el proceso como si sólo participamos en él, la mayoría de nosotros experimentamos cierto temor en un entorno de trabajo cambiante. No sabemos si el cambio nos afectará positiva o negativamente. No sabemos en qué medida nuestro futuro figura en el plan de cambio de dirección de la empresa. No sabemos si el trabajo que hemos desempeñado tendrá valor más adelante. Para prosperar durante los períodos de cambio, tenemos que encontrar el modo de abrirnos paso a través de nuestros temores.

Muchas personas temen probar nuevas ideas, nuevas iniciativas o enfoques poco comunes para solucionar problemas porque temen fracasar. El temor al fracaso es un rasgo característico del ser humano. Nadie quiere sufrir el dolor de la derrota, pero ninguna iniciativa puede prosperar a menos que se intente, y con cada intento se corre el riesgo de que no funcione.

Todos hemos fracasado en algunas de las cosas que hemos intentado a lo largo de nuestra vida, pero hemos aprendido de nuestros errores y hemos utilizado ese aprendizaje para superarlos. La primera vez que probamos algo nuevo es probable que no llegue a buen puerto.

No rendirse

Incluso cuando tenemos experiencia y conocimientos, no siempre logramos prosperar. Habrá momentos en los que fracasemos, pero no debemos permitir que la preocupación por el fracaso nos abrume. Aprendemos gracias a nuestros fracasos y en nuestras próximas iniciativas pondremos en práctica lo aprendido. R. H. Macy tuvo que cerrar las primeras siete tiendas que abrió, pero en lugar de rendirse y creer que había «fracasado», siguió intentándolo y se convirtió en uno de los vendedores líderes de Estados Unidos. Babe Ruth hizo tres *strikes* de béisbol más de 1.300 veces a lo largo de su carrera, pero la gente lo olvidó a causa de sus 714 *home runs*.

Buscar la causa

Thomas Edison nunca se rindió en su búsqueda para utilizar la electricidad, pero la perseverancia por sí sola no fue suficiente. Cada vez que sus experimentos fallaban, estudiaba qué había causado el fallo y buscaba otras soluciones. Se dice que fracasó casi mil veces antes de idear el filamento que hizo que funcionara la bombilla.

Minimizar los riesgos

Todas las ideas nuevas son arriesgadas. Si una idea no ha demostrado ser fructífera en el pasado, hay bastantes posibilidades de que tampoco lo sea en el presente.

Cuando Paula concibió un plan único de comercialización para la introducción de un nuevo producto que había elaborado su empresa, admitió que había muchas incógnitas que podían echar por tierra su objetivo. Para identificar los obstáculos que podía encontrar, decidió hacer una prueba de mercado con el producto en tres ciudades distintas antes de idear los planes finales para distribuirlo a nivel nacional. Con cada prueba descubrió las áreas problemáticas más probables y se centró en cómo abordarlas. Cuando empezó la campaña de marketing a nivel nacional, había detectado y corregido la mayoría de problemas, de modo que sus probabilidades de éxito aumentaron drásticamente.

Buscar soluciones alternativas

Si el programa que ideó Paula no hubiera funcionado ni lo hubiera hecho rápidamente, la empresa se habría visto abocada a importantes dificultades. Sabía que su idea era buena, pero era nueva y nunca la había probado. Si fallaba, no habría tiempo para evaluar los motivos y realizar ajustes. Simplemente, tenía que funcionar de inmediato. Para protegerse a sí misma y a la empresa en caso de que hubiera problemas con el nuevo programa, Paula ideó una solución alternativa, menos innovadora y con menos posibilidades de que fuese tan eficaz como su primer plan, pero que al menos servía de solución intermedia. Si su plan inicial no funcionaba, por lo menos el problema estaría bajo control. Entonces, podría estudiar el problema para determinar por qué el plan no había funcionado y tomar medidas adicionales para que fuese fructífero.

Mentalizarnos para alcanzar el éxito

Cuando un plan o concepto fallan, es probable que las personas implicadas se depriman y algunas puede que se rindan con facilidad. Debemos esperar frustraciones y el hecho de que de vez en cuando es posible que afrontemos una derrota.

Andrea estaba frustrada. Estaba sumamente segura de que sus propuestas habrían solucionado un problema con el que había topado su departamento, pero, a pesar de todos sus esfuerzos, los demás simplemente no hicieron el trabajo. «No valgo para nada», pensó. «No sirvo para este tipo de desafíos». Si persistía en esta actitud, no sólo seguiría siendo infeliz, sino que también le impediría pensar con claridad maneras alternativas de abordar el problema.

Debemos aceptar que todos fracasamos de vez en cuando y que no por eso debemos avergonzarnos. Deberíamos darnos una charla motivadora y recordarnos que los fracasos forman parte del proceso de probar cosas nuevas. A menos que sigamos innovando, nos estancaremos. Debemos recordar todos los éxitos que hemos tenido –muchas veces tras haber fracasado primero– y no dejar de decirnos que si lo hemos hecho antes también podemos hacerlo ahora. El fracaso es una situación temporal. Podemos superarlo, y así lo haremos y volveremos a tener éxito.

Lograr el pleno compromiso de todos los involucrados

A fin de que las personas implicadas no sólo acepten el cambio, sino que lo aprueben por completo, todos los empleados deben estar plenamente comprometidos con su consecución. Los jefes que se esfuerzan con éxito por liderar el cambio estimulan a sus empleados y los animan a comprometerse con el proyecto sin reservas. He aquí diez preceptos que ponen en práctica los jefes excepcionales para lograr y mantener el compromiso de sus trabajadores:

1. *Sólo hacen promesas que saben que pueden cumplir.* Claude, el vicepresidente de una empresa internacional de *software*, concibió esta idea. «Soy director ejecutivo y muchas veces tengo la tentación de hacer promesas sobre cuestiones que estoy casi seguro de que se cumplirán. Sin embargo, sé que si surge algún imprevisto que me imposibilite cumplir esas promesas, incluso aunque las haya hecho de buena fe, se verá reflejado en mi integridad. Hago poquísimas promesas y las cumplo todas».

2. *Evitan las exageraciones.* Una ejecutiva de relaciones públicas decía que, a fin de promocionar las empresas de sus clientes, le resultaba muy tentador exagerar la información o distorsionar la verdad sólo

un poco. Sin embargo, consideraba que «la gente culta no se deja engañar y, a la larga, es algo que perjudica al cliente».

3. *Los jefes excepcionales se fijan objetivos realistas y posteriormente superan las expectativas.* Siempre está mejor visto dar más de lo esperado. Algunos jefes se fijan objetivos poco ambiciosos para que así les resulte fácil superarlos. Sin embargo, puede ser contraproducente porque, de este modo, no sólo los resultados serán mediocres, sino que no supondrán ningún desafío para quienes trabajan en el proyecto. Los objetivos razonables que pueden alcanzarse con mucho esfuerzo fomentan el compromiso, y el hecho de superar los objetivos hace que su consecución sea mucho más agradable.

4. *Dicen la verdad incluso aunque duela.* Un ejemplo conocido ocurrió en 1982. En los laboratorios McNeil, fabricantes de Tylenol, se descubrió que varios frascos de su producto estaban contaminados de cianuro. El director ejecutivo anunció inmediatamente que iba a retirar todas las existencias y a sustituirlas por nuevos paquetes más protegidos. Eso le costó millones de dólares a la empresa, pero el hecho de reconocerlo y de tomar medidas directamente reforzó la reputación y la integridad de McNeil y su empresa matriz, Johnson & Johnson.

5. *Predican con el ejemplo.* Muchas empresas dan gran importancia a la mejora de la calidad de sus productos. Sus ejecutivos dan charlas sobre la importancia de que los empleados participen más en la toma de decisiones y, sin embargo, en sus propias empresas sólo lo defienden de boquilla. Jack Welch, que durante mucho tiempo fue director ejecutivo de la empresa General Electric, predicaba con el ejemplo. Elaboró un programa para garantizar que todos los empleados estuvieran plenamente comprometidos con el objetivo de mejorar la calidad de General Electric.

Welch implementó una innovadora técnica de gestión denominada «Work-Out» que fomentaba la comunicación y el intercambio de ideas. En esencia, era un foro en el que los trabajadores y los directores se encontraban de forma regular para determinar cuál era el asunto que les preocupaba y cómo podían mejorarlo. Work-Out eliminaba las jerarquías y alentaba a los trabajadores a compartir sus ideas y reducir la cantidad de tiempo necesario desde que se fabricaba un producto de calidad y llegaba al cliente.

En la planta de General Electric en Lynn, en Massachusetts, Charles Reuter, un líder sindicalista, señaló hasta qué punto el programa había modificado la actitud del sindicato y sus miembros con la empresa. Dijo lo siguiente: «La gente está escuchando y cada vez son menos las áreas en las que discrepamos. Work-Out ha provocado un choque entre culturas con algunos de los directores intermedios tradicionales, que solían decir: «Tú eres un peón y yo soy el jefe, así que cállate y hazlo como te digo».

6. *Los jefes excepcionales admiten sus errores rápidamente.* Tal y como versa el antiguo dicho: «Errar es de humanos». Todos cometemos errores. No reconocer que nos hemos equivocado sólo hace que agravar la situación.

Los jefes eficaces no aducen excusas ni tratan de racionalizar las decisiones que no han funcionado según lo planeado. Investigan los motivos del problema y se esfuerzan por corregir y ajustar lo necesario a fin de que el programa vuelva a funcionar.

Cuando Coca Cola cambió su fórmula por New Coke a mediados de los ochenta, fue después de realizar numerosos experimentos y estudios de mercado durante meses. A pesar de la grandiosa cantidad de trabajo y dinero gastado en la planificación del modernizado producto, al público no le gustó New Coke y las ventas cayeron en picado.

Los directores podrían haber racionalizado que los estudios de mercado eran correctos y que lo único que necesitaban era tiempo para que los clientes se acostumbraran al nuevo sabor. Podrían haber tratado de justificar su decisión aduciendo las estadísticas, los análisis y los estudios «científicos» que habían llevado a cabo. Sin embargo, no lo hicieron. Roberto Goizueta, el director ejecutivo durante ese período, volvió a introducir inmediatamente el producto de siempre, lo rebautizó con el nombre de «Classic Coke» y convirtió lo que podría haber sido una gran catástrofe en un golpe de mercado.

ᘓ

Si no cometes ningún error es porque no estás haciendo nada. Estoy seguro de que toda persona emprendedora comete errores.

John Wooden

ᘓ

7. *Hacen sus deberes.* En lugar de confiar en presentimientos o en información superficial, los buenos jefes estudian todos los factores antes de tomar una decisión. No son reacios a pedir ayuda a los demás, ni siquiera a los trabajadores que están a su cargo, para obtener ideas y propuestas. Investigan lo que han hecho otras empresas cuando han hallado problemas similares y hacen las adaptaciones que sean necesarias.

8. *Los jefes excepcionales son buenos oradores.* Generan entusiasmo por los conceptos que presentan, tanto si se dirigen a sus trabajadores como a personas externas a la empresa. Alientan a los demás a crear y desarrollar sus propias ideas. Su entusiasmo es contagioso.

9. *Se relacionan con los demás de humano a humano.* Los cambios en una empresa empiezan con el personal de la empresa. Los jefes deben entender la psicología de las personas con las que están tratando. La gente es distinta y lo que para una es importante puede que no lo sea para otra.

10. *Siempre hacen un seguimiento.* Richard es el ejemplo de un hombre que no hizo un seguimiento. Cuando lo nombraron vicepresidente de operaciones en su empresa, dio mucha autonomía a los tres jefes de departamento que tenía a su cargo. «Son jefes competentes y con formación», pensó. «Hemos concebido objetivos conjuntamente y puedo confiar en que cumplirán sus funciones».

Richard concentró sus esfuerzos en planear programas futuros y dejó las operaciones rutinarias en manos de sus gerentes. Asumió que se encargarían de lo que habían acordado. Sin embargo, no fue del todo así. Puesto que no hizo un seguimiento para determinar si se estaba realizando el trabajo según lo previsto, se cometieron errores y se tomaron decisiones que retrasaron la consecución de la misión.

ख

Cuando has dejado de cambiar, estás acabado.

Benjamin Franklin

ख

Resumen

- Si queremos sobrevivir en este entorno dinámico, debemos observar el razonamiento que siguen nuestras empresas desde una actitud de descontento constructivo. Si las prácticas que empleamos conducen a los resultados deseados, debemos estar preparados para realizar los cambios que sean necesarios con objeto de guiar a la empresa hacia la mejora y el éxito.
- Muchas veces hay quien siente que está perdiendo poder, autonomía o recursos a causa de los cambios en el entorno de trabajo. Para garantizar el éxito, debemos desafiarnos y convencer a los

demás para que no sean tan reticentes y se centren en los resultados positivos.

- Si seguimos la técnica de la «intravista», sabremos cómo pueden reaccionar los empleados frente a un cambio y ayudarles a «intravistarse» para conocer con más profundidad su propia reacción ante un cambio.

- Para realizar cambios, debemos seguir el modelo de cambio de seis pasos:

  1. Determinar el motivo para el cambio.
  2. Analizar la situación.
  3. Planear la dirección del cambio.
  4. Implementar el cambio.
  5. Revisar la dirección del cambio.
  6. Adoptar o ajustar el cambio.

- Si pensamos y actuamos con creatividad, podremos hacer que el proceso de cambio sea más emocionante y una experiencia de crecimiento profesional, y podremos lograr resultados más dinámicos e interesantes.

- Para garantizar el éxito de los cambios, conviene revisar los doce pasos con objeto de realizar cambios fructíferos y los ocho errores comunes que he destacado en este capítulo.

- Conservar la confianza en nosotros mismos durante el proceso de cambio. Hallaremos inconvenientes y fracasaremos, pero nunca debemos rendirnos.

- A fin de que las personas implicadas no sólo acepten el cambio, sino que también lo aprueben por completo, todos los empleados deben estar plenamente comprometidos con su consecución. Los jefes que se esfuerzan con éxito por liderar el cambio estimulan a sus empleados y los animan a comprometerse con el proyecto sin reservas.

3

Adaptarse al cambio

*Todos piensan en cambiar el mundo, pero nadie piensa
en cambiarse a sí mismo.*

Leo Tolstoy

ↄ

Teniendo en cuenta la velocidad creciente de los cambios actuales
en el trabajo, es posible que no exista una habilidad más importante
que la de saber adaptarse al cambio. A veces, adaptarse al cambio
es pan comido: gozamos con el desafío y la oportunidad que nos
brinda el cambio.

En otras ocasiones, nos descubrimos resistiéndonos al cambio,
centrándonos en lo que podríamos perder como consecuencia del
mismo en vez de pensar en lo que podríamos ganar. Nuestros jefes
y demás miembros del equipo normalmente observan nuestra capacidad de adaptación al cambio, de modo que es importante que nos
adaptemos de forma eficaz y positiva, al margen de cómo podamos
sentirnos en el plano personal.

En este capítulo, hablaremos de los distintos aspectos de los cambios en la empresa que tal vez tengamos que afrontar. Es esencial
que examinemos la forma de adaptar nuestra actitud a fin de estar
preparados para afrontar las dificultades de un entorno de trabajo
cambiante. Debemos ser flexibles y productivos cuando ocurra el

cambio para poder dar una impresión positiva a los demás compañeros de la empresa.

El desafío del cambio

En la oficina reinaba el caos. Todos trajinaban de un lado a otro. El tablón de anuncios nos advertía de que había una reunión de todos los jefes de departamento a las 10:00 de la mañana. ¿Qué sucedía? Una cosa era segura: se trataba de algo importante.

A las 10:00, nos reunimos en la sala de conferencias. El director ejecutivo abrió la sesión y anunció lo siguiente: «Vamos a realizar un cambio importante en nuestro sistema de procesamiento de pedidos que afecta a todos los departamentos de la empresa». A continuación, empezó a especificar los detalles.

Después de la reunión, todos estábamos bastante nerviosos. La mayoría estábamos contentos con el sistema actual. Lo conocíamos a fondo y había funcionado durante años. Estábamos cómodos con nuestro trabajo y, a partir de ese momento, todo iba a cambiar. Algunos temíamos que eliminaran nuestro cargo con el nuevo sistema o que nuestro departamento fuese reabsorbido por otro y nos bajaran de categoría. Nadie estaba contento.

ଓ

El progreso es imposible sin el cambio, y quienes no pueden cambiar su mente no pueden cambiar nada.

George Bernard Shaw

ଓ

¿Qué medidas pueden tomar los directivos para abordar estas preocupaciones y garantizar que los trabajadores no sólo acepten el cambio, sino que lo implementen con entusiasmo?

El cambio no siempre es bienvenido y muchas veces hay quien se resiste a él. ¿Por qué? Cuando alguien lleva a cabo una tarea de un modo concreto durante un tiempo, se siente cómodo haciéndola de esta manera. Los cambios lo apartan de su zona de confort, y eso es un problema para muchas personas. Sin embargo, a fin de progresar, el cambio no sólo es necesario, sino que también es importante (e inevitable) para que una operación sea fructífera.

Cuando iniciamos un cambio en la empresa surgen dificultades específicas. A fin de superar estos contratiempos, debemos ser creativos, enérgicos y flexibles.

En este capítulo analizaremos estas dificultades del cambio y el modo en que nos afectan a nivel personal y profesional. También examinaremos un modelo de cambio en el seno de una empresa y determinaremos nuestro papel para lograr que la empresa siga este modelo con éxito.

En el plano individual, reaccionamos de formas muy variadas frente a un cambio en función de cómo percibamos que nos afecta, tanto a nosotros como a nuestra empresa. A fin de afrontar el desafío de adaptarnos al cambio en la empresa, debemos adaptar nuestras actitudes y emociones.

ରଓ

Acción y reacción, flujo y reflujo, ensayo y error –el cambio– es el ritmo de la vida. Del exceso de confianza nace el miedo; de nuestro miedo, nace una visión más clara y nueva esperanza. Y de la esperanza, nace el progreso.

Bruce Barton

ରଓ

Salir de la zona de confort

El cambio de nuestras responsabilidades provoca ansiedad y hace que nos sintamos fuera de nuestra zona de confort. Como profesionales que somos, podemos esperar vernos expelidos a los límites de nuestra zona de confort una y otra vez, mientras ganamos experiencia y responsabilidad e intentamos adaptarnos a los cambios.

Flexibilidad

Es posible que nuestros compañeros de trabajo tengan muchas expectativas puestas en nosotros durante el cambio. Tal vez sea necesario que tengamos que dejar de pensar en nuestro trabajo como hemos hecho siempre. El papel que desempeñamos durante el cambio quizás sea distinto de lo que creíamos. Para que el cambio sea fructífero en toda la empresa, todos deben ser todo lo flexibles que puedan. A veces puede suponer un gran desafío para nosotros, especialmente si sentimos que nos están empujando en una dirección a la que no queremos ir, o incluso estamos dando un paso atrás en nuestra profesión.

Controlar nuestra actitud

Nuestra actitud se derrumba durante las épocas de cambio. No sólo nos sentimos inseguros e incómodos, sino que a veces tenemos verdaderas discrepancias con el cambio y no nos sentimos nada positivos respecto al mismo. Quizá un día lo abordemos con optimismo y, otro día, nuestros temores y resentimientos abrumen nuestro positivismo y perdamos el control de nuestra actitud. Cuando esto ocurre, contribuimos poco o nada al proceso de cambio.

A fin de adaptarnos al cambio, debemos enfrentarnos a esta actitud que nos ralentiza y remplazarla por una actitud que acepte el cambio que está en marcha. Para adaptar nuestra actitud, podríamos hacernos las cuatro preguntas siguientes:

1. ¿En qué aspectos tengo que cambiar en este entorno de trabajo cambiante?
2. ¿Por qué quiero aceptar este cambio?

3. ¿Cómo sé que puedo lograr adaptarme a este cambio?
4. ¿Cuán dispuesto estoy a hacer lo necesario para que este cambio sea fructífero?

ജ

*Si no te gusta algo, cámbialo. Si no puedes cambiarlo,
modifica tu actitud. No te quejes.*

Maya Angelou

ജ

Adaptar nuestro modelo de conducta

A lo largo de nuestra profesión, nuestros roles y responsabilidades cambian continuamente. Liderar equipos o reuniones y comunicar nuestra idea o misión son desafíos que es probable que afrontemos en nuestra profesión. Como hemos mencionado antes, la capacidad de adaptarnos de verdad puede ser más importante que cualquier otra habilidad a fin de determinar nuestro éxito consistente y a largo plazo. Los siguientes principios nos ayudarán a adaptar con eficacia nuestro modelo de conducta:

Adaptar nuestras expectativas
Quizá no vayan a ascendernos este año, después de todo. Tal vez no sigamos estando bajo la supervisión de la misma persona, ni conservemos exactamente las mismas responsabilidades. Debemos adaptar nuestras expectativas sin reducirlas, a ser posible, y centrarnos en aquellos objetivos que podamos controlar.

Cuando contrataron a Sally para el puesto de responsable de tienda en la cadena Fashions for Teens, resolvió que su objetivo sería ser responsable a nivel regional durante tres años. Actualmente lleva cuatro años en el cargo y ni siquiera está cerca de alcanzar su objetivo. Su labor ha sido excelente y las inspecciones sobre su rendimiento han sido satisfactorias.

La imposibilidad de Sally por cumplir su objetivo estaba fuera de su control. El año en que la contrataron, la empresa había abierto cinco tiendas y planeaba seguir expandiéndose. Sin embargo, al estancarse la economía, no pudieron abrir nuevas tiendas y, tal vez, todavía faltarán unos años para poder seguir expandiéndose. Sally tenía que adaptar sus expectativas. Podía elegir entre tener paciencia y esperar a que mejorase la economía, examinar otras oportunidades que hubiera disponibles en la empresa o buscar un cargo de responsabilidad a nivel regional en otra cadena.

ൟ

El agente de crecimiento y trasformación más poderoso es mucho más básico que cualquier otra técnica: un cambio en el corazón.

John Welwood

ൟ

Siempre que estemos decepcionados porque no conseguimos el ascenso o el cargo que deseamos, deberíamos hacernos estas diez preguntas:

1. ¿Qué puedo hacer para que mi actual trabajo sea más valioso para la empresa?
2. ¿Qué puedo hacer por la empresa que no esté haciendo ya?
3. ¿Cómo puedo mejorar mi labor en el departamento?
4. ¿Qué nuevos aspectos del trabajo podría aprender para poder ser más valioso para la empresa?
5. ¿Qué pasos podría dar para que mis jefes supieran que estoy dispuesto a aceptar más responsabilidad?
6. ¿Qué puedo aprender sobre los demás departamentos que pueda ser adecuado para mis objetivos?

7. Si he hecho todo lo que he podido en mi cargo actual, ¿hay otros cargos en la empresa que pueda desempeñar?

8. ¿Hay alguna tarea que los demás se resistan a hacer y para la cual podría ofrecerme voluntario?

9. ¿Cómo puedo mejorar mis labores como gerente y conseguir que mis empleados trabajen mejor?

10. ¿Estoy dispuesto a comprometerme y asumir los sacrificios y los riesgos necesarios para ganarme el derecho a ascender en el escalafón de los cargos de responsabilidad?

Forjar relaciones y crear redes de contactos

Forjar nuestra red profesional es una estrategia fascinante y gratificante para adaptarnos al cambio. Debemos asumir que el cambio está a la vuelta de la esquina. ¿A quién querríamos conocer o conocer mejor si ocurriera ese cambio? Conviene que empecemos a forjar estas relaciones ahora y creamos una red más grande de gente que nos apoye y nos anime.

A Tim, un administrador de bases de datos de la empresa Lincoln Finance, le fascinaban los ordenadores. Su empresa se estaba convirtiendo en una red informática mundial, de modo que se apuntó a unos cursos avanzados de informática por las tardes en una universidad, con la esperanza de que cuando se instalaran los nuevos sistemas, lo tendrían en cuenta para trasladarlo al departamento de informática. Pero, cuando llegó el momento, rechazaron su solicitud de traslado y la empresa contrató personal externo. Tim se quejó a su supervisor, que le dio el siguiente consejo: «Tim, la empresa ha buscado personal externo porque ningún gerente sabía que tuvieras conocimientos de informática. Sólo te consideraban un administrador de bases de datos. Conoce a los nuevos informáticos, pasa tiempo con ellos y aprende lo que hacen y cómo trabajan».

Durante los siguientes meses, Tim entabló amistad con los informáticos y no sólo aprendió mucho, sino que se dio a conocer entre los empleados y les agradó. Cuando hubo una vacante en el departamento, organizaron su incorporación.

Pedir opinión a los demás

Otra forma de potenciar nuestra red profesional es siendo conscientes de que es posible que los demás compañeros de nuestra empresa sepan cómo podemos adaptarnos mejor al cambio. Deberíamos habituarnos a pedirles ideas y sugerencias, sobre el modo en que nos estamos adaptando al cambio. Los períodos de cambio son épocas para tender puentes, no para levantar muros. Son épocas para estar abiertos a las aportaciones de los demás, y no a la defensiva.

Ser pacientes

Cuando se trata de cambios, muchas veces queremos que pasen para poder seguir adelante lo más rápido posible. El ciclo del cambio en el trabajo con frecuencia se prolonga más de lo que esperábamos. El cambio tiene que comunicarse e integrarse, y se necesita tiempo para realizar los ajustes de todas las funciones adyacentes de la empresa. Los trabajadores también necesitan tiempo para adaptarse a los cambios acontecidos en la empresa.

¿Qué sentido tiene derribar viejos muros para, simplemente, volver a levantar nuevos? Nuestra labor consiste en desafiarnos para tratar como mínimo una nueva manera de adaptarnos al cambio cada día. Debemos realizar un esfuerzo positivo y productivo.

Cuando afrontamos un cambio, es fácil pensar que no lo queremos ni necesitamos; que no podemos realizarlo o que simplemente no lo realizaremos. Cada día vemos ejemplos de personas en el trabajo que manifiestan esta actitud. Es una conducta improductiva y es poco probable que alcance mucho éxito o reconocimiento por nuestra parte.

Cultivar una actitud de descontento constructivo

A muchos directivos les resulta difícil adaptarse a los cambios. Hay personas en cargos de liderazgo que, a pesar de no ser déspotas ni dictadoras, les molesta que alguien discrepe con ellas y, sutilmente, reprimen ideas que difieren de las suyas. A pesar de que no lideran a través del miedo, no fomentan las perspectivas opuestas. A este tipo de directivos hay que convencerles de la importancia de escuchar otras opiniones y de tener la mente abierta.

Por ejemplo, las empresas cuyos directivos realmente desean cambiar su cultura autoritaria por una más participativa, realizan un esfuerzo consciente por fomentar el desacuerdo, la insatisfacción y la discrepancia. Lo consideran parte de un proceso de continua mejora. Reconocen que se logran grandes avances en la manera de pensar y que pueden ser sumamente eficaces. Creen que es esencial para los intereses a largo plazo de la empresa.

Los psicólogos denominan *descontento constructivo* a este enfoque interactivo de la empresa. Uno de los elementos básicos para cambiar la cultura de la empresa es fomentar esta actitud en todos los trabajadores. Las siguientes propuestas han ayudado a muchas empresas a generar y mantener un clima de descontento constructivo no sólo entre la directiva, sino también entre todos los empleados:

1. Hacer saber a los demás que el desacuerdo no es un delito capital. No sólo no se va a castigar a nadie por discrepar, sino que los supervisores y los jefes lo considerarán beneficioso.

2. Los jefes y los supervisores deberían tratar con respeto todos los puntos de vista, incluso aunque en su opinión una idea no sea vá-

lida, los buenos jefes dejan claro que tendrán en consideración la propuesta. Y así lo hacen. Su reacción inicial puede que esté sesgada y basada en información insuficiente o simplemente errónea.

3. No burlarse nunca de las opiniones de los demás. Incluso aunque una idea parezca trivial, mal concebida o simplemente ridícula, hay que considerarla un esfuerzo honesto. Cuando la descartemos, debemos hacerlo de la misma manera que con propuestas más serias.

4. No guardar rencor. Muchas veces descubrimos que algunas personas parecen oponerse siempre a nuestras ideas. No debemos considerarlo un asunto personal, sino recordar que, sólo cuando discrepamos abiertamente, podemos sacar las ideas a la luz y evaluarlas.

Por ejemplo, es posible que tengamos un trabajador, como Jason, que discrepa por el simple hecho de discrepar. Este tipo de personas puede que sean un incordio, pero si se dan cuenta de que escuchamos de verdad sus ideas y no estamos molestos por sus continuas objeciones, con frecuencia dejarán sus triviales desacuerdos. A Jason le encantaba fastidiar a su jefe. Cuando se dio cuenta de que su jefe no estaba molesto por sus desacuerdos sino que, en realidad, fomentaba el desacuerdo, canalizó sus ideas por vías más constructivas.

5. No dejar que el orgullo por la autoría o la propiedad nos impida ver las perspectivas de otras personas. Muchos jefes se ponen a la defensiva para proteger sus propias ideas. Aunque nosotros hayamos propuesto la idea que se está debatiendo, no deberíamos ofendernos por las objeciones de los demás. Es especialmente importante que tengamos la mente abierta. El objetivo es hacer lo mejor por la empresa, no engrandecernos nosotros ni que se engrandezcan los demás.

6. No hacer favoritismos. Resulta tentador aceptar ideas de personas con más talento y rechazar las de los demás. Sin embargo, aunque haya personas que no aparenten ser tan brillantes o diligentes como otras del grupo, pueden plantearnos conceptos decisivos.

7. Hacer hincapié en *qué* es lo correcto, no en *quién* hace lo correcto. Al evaluar sugerencias, deberíamos centrar nuestro análisis en el *contenido* del material, no en la *fuente*.

8. Enseñarnos a nosotros mismos y a nuestros empleados a tener en mente estas dos preguntas respecto a todo lo que hacemos: ¿lo que estamos haciendo es la mejor manera de abordar esta situación? De no ser así, ¿cómo podemos hacerlo mejor? Los métodos cambian, los conceptos de gestión cambian, los objetivos de la empresa cambian. Deberíamos hacernos estas dos preguntas de manera periódica para asegurarnos de que lo que hacemos no sólo está a la vanguardia de la tecnología actual, sino que también resulta de pensar objetivamente en la prosperidad de la empresa.

9. Aceptar el hecho de que no existen las preguntas estúpidas: incluso las preguntas que parecen irrelevantes, muchas veces pueden identificar problemas que tal vez no nos resulten obvios.

10. Escuchar. Idear técnicas para saber escuchar activamente y con empatía. Cuando alguien debate una cuestión con nosotros, por medio de nuestras acciones y reacciones podemos interesarle o aburrirle. Los empleados querrán hablar con nosotros porque sabrán que sabemos escuchar de verdad.

11. Valorar la diversidad de personas y perspectivas, opiniones y percepciones. Las personas de distinta cultura, formación y nivel educativo traen consigo puntos de vista variados. Podemos aprender mucho cuando vemos las cosas desde su perspectiva.

12. Alentar a los demás para que exploren sus propias opiniones. Ayudar a los empleados a evaluar los méritos y las limitaciones de sus ideas. Proporcionarles los instrumentos que necesitan para conseguirlo, como el acceso a datos, a materiales de investigación y a libros y artículos sobre los temas en cuestión.

13. No pagarlo con el mensajero. Los jefes deben saber la verdad y la verdad no siempre es agradable. Los errores no se pueden corregir ni compensar si no sabemos que se han cometido –y lo sabemos lo más rápido posible–. En una cultura en la que se culpa a la gente por ser portadora de malas noticias, los empleados que perciban problemas temerán ser ellos quienes los comuniquen. Conviene alentar a los demás a que sean sinceros a la hora de trasmitir una noticia, ya sea buena o mala.

14. Reconocer a los empleados cuya puesta en práctica del descontento constructivo ha resultado en cambios positivos. Debemos considerar recompensas tangibles cuando sea apropiado. En las reuniones de departamento, conviene reconocer sus contribuciones y publicar noticias sobre los cambios realizados, así como los nombres de aquellos que han contribuido a los mismos en el boletín informativo de la empresa.

15. Crear una atmósfera en la empresa o el departamento que fomente la cooperación, la colaboración y el trabajo en equipo. Los jefes y los responsables de equipo de todos los niveles deberían estar capacitados para ser líderes participativos y no jefes dogmáticos. La formación en habilidades comunicativas, pensamiento creativo y acción colaborativa debería ser continua y reforzarse en las labores del día a día de toda la empresa.

Insatisfacción personal con los cambios fructíferos

Imaginemos que los cambios llevados a cabo por la empresa están funcionando muy bien. Con frecuencia son cambios que hemos aprobado efusivamente, pero que después de un tiempo nos hemos dado cuenta de que estábamos más contentos con el funcionamiento anterior. Esto no es algo raro. Tal vez los nuevos métodos no sean tan divertidos.

Esta clase de descontento no se limita a los empleados que ocupan cargos de menos responsabilidad. Con frecuencia se da entre directores ejecutivos, especialmente entre los fundadores de pequeñas empresas como Stanley, el fundador y presidente de una creciente empresa de *software*. Durante años hizo crecer su empresa hasta convertirla en una empresa por valor de varios millones de dólares. El año pasado contrató a un profesional en consultoría para hacer las operaciones más eficaces. El resultado fue incluso mejor de lo esperado, pero Stanley descubrió que su rol había cambiado y, a pesar de ser eficaz, ya no era tan divertido. Era una persona creativa a la que le encantaba idear productos y, con el nuevo sistema, se encargaba principalmente de los aspectos relacionados con la administración de la empresa.

Se sentó con el consultor para hablar de ello. He aquí algunas de las propuestas que le hizo el consultor:

1. Prestar atención a nuestra vida profesional. Stanley se estaba centrando principalmente en los aspectos administrativos de la empresa y estaba pasando por alto las áreas relativas al desarrollo y la comercialización del producto que tanto le gustaban. Esta tarea era lo que le había motivado a iniciar su propio negocio. El consultor le aconsejó delegar todas las tareas administrativas posibles en los demás empleados que pudieran hacerse cargo. De este modo, ellos tuvieron una gran oportunidad para aprender más sobre la gestión de la empresa y Stanley tuvo más tiempo

para concentrarse en las tareas de las que disfrutaba y que le habían llevado a alcanzar el éxito.

2. Establecer contacto con otros empresarios. El consultor le aconsejó que trabara amistad con otros empresarios porque sus problemas y preocupaciones eran similares a los suyos. Hablar con personas que habían vivido o estaban viviendo lo mismo que él podía proporcionarle un conocimiento inestimable acerca de cómo abordar estas situaciones.

3. Fijarse objetivos concretos y a corto plazo. Quizá a Stanley le convenía pasar un tiempo realizando tareas en otro aspecto de su vida. Una de las principales cosas que podemos hacer para volvernos a centrar en algo es fijarnos objetivos específicos para cada día, semana y mes. El cumplimiento de cada objetivo nos prepara para el siguiente, y también refuerza en gran medida la confianza en nosotros mismos. Si somos positivos, estaremos en el camino correcto de la vida, y estas medidas nos ayudarán a llegar allí.

Cabe destacar que todos tenemos altibajos a lo largo de nuestra profesión en los que nuestra energía puede estar alta durante todo el tiempo o flaquear. En los momentos en que sentimos que nos estamos anquilosando, nos ayudará recordar nuestra situación y fijar los objetivos, así conservaremos la motivación y seguiremos adelante.

෴

Todo cambio, aunque sea un cambio para mejor, siempre se acompaña de inconvenientes e inquietudes.

Arnold Bennett

෴

Sobrevivir a los recortes de personal

Uno de los cambios más traumáticos que tal vez debamos afrontar en nuestro trabajo es la posibilidad de que nos despidan. No nos han echado por trabajar mal o por quebrantar alguna norma de la empresa, sino porque las ventas han caído y la directiva se ha visto obligada a reducir sus costes haciendo «recortes de personal», un eufemismo para designar el despido de trabajadores. A pesar de que en algunas empresas los despidos sólo se basan en antigüedad, la mayoría de ellas también consideran muchos otros factores. Podemos aumentar significativamente nuestras posibilidades de sobrevivir si tomamos una serie de medidas para destacar como trabajadores valiosos.

Ser buenos en nuestro trabajo

A menos que realicemos bien nuestro trabajo, cualquier plan que hagamos para evitar un despido fracasará. Los hombres y las mujeres que logran evitarlos hacen lo posible por aprender todo sobre su trabajo, así como también sobre otras funciones del departamento, y trabajan para ayudar a la empresa a cumplir sus objetivos. Conviene estudiar el trabajo que se realiza en nuestra empresa y hacer propuestas sobre cómo mejorarlo. Por encima de todo, deberíamos fijarnos criterios exigentes tanto para nosotros como para los trabajadores que supervisamos, y esforzarnos por garantizar que se cumplan.

Mantenernos al día en la tecnología

En el mundo dinámico en que vivimos, las cosas están cambiando constantemente. Resulta obvio en un trabajo técnico y profesional, pero todos, no sólo los trabajadores especializados, debemos mantenernos al día en lo más actual de nuestros respectivos campos. Diane, una supervisora de oficina, está suscrita a varias revistas que tratan el tema de la administración de oficina. Siempre visita las exposiciones de equipamiento de oficina. Como consecuencia, ha logrado que su empresa haya sido de las primeras en sacar partido de algunos de los nuevos sistemas y equipos que salen al mercado, entre ellos una completa revisión de su red de comunicaciones. Cuando su empresa fusionó varios departamentos y eliminó algunos cargos de supervisión, no hubo duda acerca de la permanencia de Diane.

Expandir la propia labor

Kevin, uno de los varios coordinadores de ventas, era responsable de hacer el seguimiento desde que se firmaba una venta hasta que se transportaba la mercancía. Si los clientes tenían algún problema con el producto después de haberlo recibido, tenían que dirigirse al departamento de servicio al cliente, que muchas veces tenía que recurrir a Kevin para obtener la información necesaria. En consecuencia, tenía mucha más carga de trabajo, pero también más valor en la empresa.

Actuar con positivismo

Cuando Shirley se enteró de que la empresa planeaba reducir el personal, adoptó una actitud totalmente negativa. Asumió que la despedirían, y esta idea se reflejó en su trabajo y su actitud. Aminoró el ritmo, cometió más errores, criticaba todo lo que proponía su supervisor y, en esencia, se «marchó» antes del despido.

Su compañera Vicki fue más positiva. Pensó que como era buena, seguramente la mantendrían. Se esforzó más y con más eficiencia. Cuando se necesitaba una tarea en concreto, no dudaba en hacerla. Siguió contribuyendo con el mismo esfuerzo, energía y compromiso de siempre. La directiva apenas dudó entre cuál de estas dos trabajadoras iba a quedarse.

Ser flexibles

Elliot había gestionado su tienda durante dos años y estaba orgulloso de decir a todo el mundo que era el encargado. Por desgracia, debido a la situación económica, la empresa juzgó necesario cerrar su tienda. Le ofrecieron un puesto de encargado auxiliar en otra tienda. «¿Cómo voy a aceptar un cargo menos importante?», pensó Elliot. «¿Cómo les voy a decir a mis amigos que ya no soy encargado? Quizás debería buscar un puesto de encargado en otra cadena».

Después de pensarlo detenidamente, Elliot comprendió que su empresa lo respetaba y apreciaba y que si se mostraba flexible lograría sobrevivir a este contratiempo temporal hasta poder retomar su carrera profesional que había empezado antes del inesperado cambio.

A pesar de que aceptar un cargo de menor responsabilidad en una tienda distinta de la cadena implicaba menos prestigio y un salario más bajo, era mejor que no tener trabajo o que irse a otra empresa donde sería un desconocido y tendría que comenzar de cero.

Prepararse para cambiar de trabajo si es necesario

Puesto que hay épocas en las que, al margen de lo que hagamos, no podemos evitar perder nuestro trabajo, deberíamos estar preparados para dar los pasos necesarios a fin de obtener un nuevo trabajo. Siempre deberíamos tener el currículum actualizado y aprovechar los contactos que hemos establecido en nuestro trabajo actual para crear una red que nos conduzca a otros trabajos.

Como adultos maduros, deberíamos ser capaces de afrontar tanto lo bueno como lo malo de nuestra profesión. Si contribuimos todo lo posible al bienestar de nuestro empleador, podremos dar lo mejor de nosotros mismos para maximizar nuestras posibilidades de sobrevivir a una reducción de personal. Y si planeamos cuidadosamente y prestamos atención a la posibilidad de la reducción de personal, podremos prepararnos para desempeñar un nuevo trabajo en otra empresa si es necesario.

Resumen

- A fin de afrontar el desafío de adaptarnos al cambio en la empresa, también debemos adaptar nuestras actitudes y emociones.
- La capacidad de adaptarnos de verdad puede ser más importante que cualquier otra habilidad a fin de determinar nuestro éxito consistente y a largo plazo.
- Uno de los elementos básicos para cambiar la cultura es fomentar una actitud de descontento constructivo en toda la empresa.
- Si recordamos evaluar nuestra situación actual y fijarnos objetivos, podremos permanecer motivados y seguir avanzando.
- No habremos afrontado directamente un cambio hasta que nos hayamos encontrado ante el peor escenario. Debemos considerar hasta qué punto el cambio podría exigirnos más de lo que somos capaces de dar, provocar consecuencias negativas con nuestros jefes y miembros del equipo y disminuir nuestra energía y productividad.
- Cooperar con lo inevitable. Sabemos que no podemos evitar el cambio. Forma parte de todo lo que hacemos en nuestra profesión. Recordarlo hará que no perdamos el tiempo y el ánimo luchando contra lo inevitable.
- Estar preparados para lo inesperado. Tal vez nuestra empresa se vea obligada a reducir el personal. Debemos tomar medidas para maximizar nuestro valor en la empresa y minimizar así la probabilidad de que nos despidan.

4

Proponer e iniciar cambios

Hoy en día nuestro entorno de trabajo está en constante cambio. Con frecuencia afrontamos cambios en varias áreas de nuestra profesión al mismo tiempo. Cuando ocupamos cargos de dirección, es posible que nuestro rol consista en liderar el cambio, pero en muchas otras situaciones sólo somos partícipes de un cambio más general que abarca toda la empresa.

Es nuestra oportunidad para destacar como líderes del cambio, incluso aunque no lo hayamos propuesto nosotros ni lideremos el proceso de cambio. Ganarnos la reputación de ser partidarios del cambio influye de forma positiva en el modo en que nos ven en el seno de la empresa. También tiene un efecto constructivo en la satisfacción y la motivación que sentimos por nuestra profesión.

Vamos a examinar el alcance de nuestra interacción con los cambios que se realizan. Debemos empezar buscando maneras de permanecer flexibles durante el cambio. Además, debemos concebir un plan personal para defender y liderar el cambio en la empresa, incluso aunque no desempeñemos un cargo de autoridad.

Uno de los factores más importantes que nos alientan a alcanzar el éxito es un fuerte compromiso por mejorar continuamente. Al margen de lo eficaces que puedan ser los métodos, los procesos o las ideas, nunca cesamos en la búsqueda de un enfoque todavía mejor. Ya no podemos permitirnos el lujo de ser complacientes. Tales clichés, como «si no está roto, no lo arregles», ya no tienen cabida en el enfoque moderno de la directiva. Debemos remplazar estos clichés por: «si todavía funciona, probablemente esté obsoleto». Como hemos mencionado en el capítulo anterior, deberíamos considerar todo lo que hacemos desde una actitud de descontento constructivo.

Frank y Lillian Gilbreth, pioneros en «gestión científica», nos alentaron a seguir buscando «la mejor manera» y, una vez encontrada, a seguir buscando una manera todavía mejor. David McClelland, otro pionero de la filosofía del liderazgo, lo llamó «motivación por el logro», que se basa en la idea de que las personas tienen un deseo innato y que, explotando este deseo, los trabajadores se esfuerzan más por superarse.

Desafiarnos a nosotros mismos

Muchos hombres y mujeres están entregados a su trabajo y se sienten muy satisfechos con lo que hacen. Esta actitud les alienta a seguir esforzándose por mejorar continuamente.

El compromiso por mejorar continuamente no se limita a mejorar nosotros. Si somos responsables de equipo o supervisores, nuestro éxito depende del éxito de aquellos a quienes supervisamos. Deberíamos instaurar mecanismos –con frecuencia pueden ser muy informales– que alienten a nuestros compañeros a seguir buscando mejorar su producción, calidad y capacidad administrativa.

Stan Seifer, auxiliar del presidente de Frequency Electronic, que emplea a seiscientos trabajadores para fabricar dispositivos electrónicos de alta tecnología, no utilizó ningún método especial, pero resolvió dar a sus trabajadores la oportunidad de ganarse una buena reputación. Stan fomentó la innovación y la propuesta de ideas, reconoció el buen trabajo regular e infundió a sus empleados el orgullo por su trabajo. Todo esto le ha brindado cientos de sugerencias e ideas que han mantenido a su empresa al frente del mercado.

Tener presente al cliente

La Lincoln Credit Union, que proporciona servicios bancarios a sus miembros, ha añadido una nueva dimensión a su búsqueda para seguir mejorando. Puesto que los empleados encuestan a los clientes con regularidad, la empresa ha implementado propuestas de éstos que han resultado en varias mejoras significativas en sus servicios. Esta dedicación a los deseos del cliente también ha brindado poder a los clientes y ha fomentado la lealtad con la empresa.

Tanto si nuestro objetivo es luchar por la supervivencia de nuestra empresa en tiempos económicos difíciles como intentar mantener su puesto competitivo o convertirnos en los líderes de nuestro campo, debe calar en nuestra perspectiva la idea de realizar cambios que conduzcan a la continua mejora.

ce

Si hay algo que deseamos cambiar, primero deberíamos analizarlo y ver que no sea algo que podamos mejorar en nosotros mismos.

Carl Jung

ce

El arte del «seguidor»

Con frecuencia nos frustramos cuando nuestro jefe no se toma en serio nuestras propuestas. Una forma de evitarlo es convirtiéndonos en empleados valiosos para nuestro jefe a fin de ganarnos su respeto.

Ser buenos trabajadores

El primer ingrediente del buen «seguidor» es hacer el propio trabajo a la perfección. La profesionalidad es esencial para el éxito tanto de un líder como de un seguidor. Obviamente, si somos buenos en nuestro trabajo, nuestro jefe podrá contar con nosotros, le facilitaremos el trabajo y seremos mucho más valiosos para la empresa.

Cuando Sandra empezó a trabajar por primera vez de ayudante comercial, le pidió a su padre, un próspero ejecutivo, que le aconsejara acerca de cómo ser un buen trabajador, a lo que él respondió: «Un buen trabajador es aquel que logra que el jefe de su jefe no ande todo el día detrás de su jefe».

Tenemos que hacer que nuestro jefe parezca competente. Para ello, primero debemos hacer nuestro trabajo lo mejor que podamos en todo momento, pero eso es sólo el principio. Si ayudamos a aumentar la productividad de los trabajadores menos productivos de nuestro departamento, no sólo estaremos ayudando a que nuestro departamento rinda más y que nuestro jefe parezca más competente, sino que también estaremos mostrando las características que nos harán destacar como posibles líderes.

Anticipar las necesidades de nuestro jefe

Cuando Gloria regresó a su despacho tras visitar una exposición de equipos y material de oficina en el centro cívico, le dijo a su asistente, Steve, que le había llamado especialmente la atención una máquina clasificadora de documentos que había visto. Steve resolvió que su prioridad sería acercarse al centro cívico para ver dicha máquina. Recabó información y observó algunos de los demás clasificadores que había expuestos. Cuando regresó a la oficina, buscó en Internet empresas que fabricaran equipos similares. Consultó con empresas que estuvieran utilizando este tipo de máquina clasificadora para descubrir cómo funcionaba este aparato y reunió en una carpeta los resultados de su investigación.

Unos meses después Gloria fue al despacho de Steve y le dijo: «Steve, cuando estuve en la exposición, vi una máquina clasificadora de documentos que podría sernos muy útil, ¿podrías informarte un poco?». Steve buscó en su escritorio, sacó la carpeta y se la entregó.

Sin duda, tal vez perdamos un tiempo investigando asuntos que quizás nunca sean pertinentes, pero cuando trabajamos con alguien durante cierto tiempo llegamos a saber qué cuestiones es más probable que sean de su interés y nuestros esfuerzos serán una buena inversión en la mayoría de ocasiones. Si anticipamos las necesidades de nuestro jefe, no sólo seremos más útiles para él, sino que también cultivaremos la iniciativa y la búsqueda de recursos, dos cualidades que nos ayudarán a lo largo de nuestra profesión.

Ayudar a nuestro jefe a aclarar sus ideas

Ivan tenía fama de ser iconoclasta. Siempre parecía discrepar con la política de la empresa y constantemente aportaba ideas que eran distintas de la filosofía de la empresa. A causa de esta actitud lo habían echado de dos trabajos anteriores. Cuando Ivan empezó a trabajar para su jefe actual, resolvió intentar ser menos crítico, pero su naturaleza pudo más que su resolución y, al poco tiempo, estaba exponiendo a gritos sus discrepancias.

Cuando su jefe lo llamó para tener una reunión en privado, Kevin creyó que volverían a echarlo. Sin embargo, su jefe enfocó las cosas de otra manera. «Kevin, puedes volver locos a los demás, pero haces algo por mí que nadie ha hecho nunca. Haces que vuelva a pensar y considerar lo que muchas veces doy por sentado. Ofreces algo que es necesario. Sin embargo, si pudieras aprender a ser más diplomático, podrías ser un trabajador muy valioso».

Los buenos líderes necesitan seguidores que no sean sólo aduladores, individuos que siempre están de acuerdo con sus ideas. Un buen seguidor no debería temer llamar la atención de su jefe sobre los defectos y los posibles problemas de sus propuestas. De este modo, el seguidor ofrece un servicio que no sólo resultará en una mejora de la gestión de su jefe, sino que también demuestra que sus ideas y propuestas merecen ser consideradas detenidamente.

Los siete elementos básicos de un buen plan de cambio

A fin de iniciar un cambio factible en nuestra empresa, debemos lograr la aprobación de la directiva, algo que no siempre es fácil. Sin embargo, si presentamos nuestras propuestas con un plan bien diseñado, la probabilidad de que nos las acepten es mayor. He aquí un método de siete pasos para elaborar un plan sólido para una nueva idea.

1. Proporcionar una idea clara y precisa de la situación tal y como es.

   Como ya hemos señalado, el primer paso para realizar cualquier cambio es tener una idea clara de la situación actual. Debemos estudiar la información fundamental que tengamos a nuestro alcance, como las cifras de producción, los costes, el tiempo necesario para terminar las tareas, etc. Podemos añadirle el uso de «intravistas» bien diseñadas (*véase* capítulo 2) para poder identificar las verdaderas causas de los problemas y separarlas de los síntomas. Si ocultamos la cabeza en la arena y esperamos a que se acaben los problemas, no podremos realizar ningún cambio. Si el sistema actual está retrasando los objetivos de la empresa, es necesario descubrir y aceptar los factores causantes de estos problemas. Sólo así podremos tomar las medidas necesarias para realizar un cambio en la cultura de la empresa.

2. Presentar una idea clara y razonable de la situación tal y como debería ser.

   Presentar a la directiva y a todos los involucrados en el cambio cómo debería ser el nuevo sistema. Deberían explicarse los objetivos que sean alcanzables y aceptados por todos.

3. Elaborar un calendario realista. Deberíamos determinar un calendario para el cumplimiento de cada fase del plan. Todos los involucrados deberían acordar estas fases y comprometerse para cumplir con el plazo. Puesto que no siempre es posible estimar el tiempo necesario para cumplir muchos aspectos del plan, deberíamos ser flexibles con el calendario y esforzarnos todo lo posible para que el cumplimiento de cada fase sea razonable.

4. Hacer un presupuesto de la implementación del plan. La realización de cambios importantes, como cualquier otro aspecto de un negocio, cuesta dinero. Para asegurarnos de que nuestro plan es rentable, deberíamos detallar el presupuesto para el proyecto y realizar una estimación razonable de los gastos en que incurriremos.

5. Presentar una estrategia concreta para mantener informados a los empleados. Como todos los empleados —no sólo el equipo directivo— son imprescindibles para el éxito del mismo, es importante que se publiquen informes periódicos sobre el avance del plan. Estos informes mantendrán al día a los empleados de los desarrollos, los logros y las modificaciones que haya, y felicitará y agradecerá a aquellos cuya ayuda haya sido especialmente eficaz.

ɔ৪

La planificación es el camino que nos conduce a nuestro destino. Si no sabemos adónde vamos, ¿cómo esperamos llegar hasta allí?

Basil. S. Walsh

ɔ৪

6. Determinar un sistema para medir el éxito del plan.
   Deberíamos crear un sistema de medición para seguir el progreso del plan. Tenemos numerosos sistemas a nuestro alcance.

Debemos investigar qué sistema es el más adecuado para el tipo de cambio que hemos planeado e incorporarlo a nuestro calendario.

7. Incluir un proceso para las continuas aportaciones.

Los planes para realizar cambios importantes son dinámicos, nunca son realmente definitivos. A medida que implementamos el plan, es probable que los involucrados vean cosas nuevas, tengan nuevas ideas y conciban nuevas perspectivas. Los planes fructíferos se basan en un proceso que fomente la propuesta de sugerencias y recomendaciones.

ଓ

La clave del éxito es nuestra capacidad de adaptación.

Subestimamos nuestra capacidad para cambiar. Nunca hay un momento oportuno para llevar a cabo algo difícil. La tarea de un líder es ayudar a los demás a ver su potencial.

John Porter

ଓ

Aumentar la probabilidad del éxito

Puesto que con frecuencia encontramos personas que se resisten a probar algo nuevo, debemos reafirmar cada uno de nuestros esfuerzos por realizar un cambio. Los siguientes consejos deberían ayudarnos a iniciar nuestro plan de cambio y permitir que se desarrolle sin complicaciones.

1. Crear un equipo central de líderes. Deberíamos reunir trabajadores de todos los niveles, no sólo de la directiva. Debemos elegir a

los líderes por naturaleza así como también a aquellos que ocupen cargos sumamente influyentes, como los supervisores de planta.

En casi todas las empresas hay hombres y mujeres que tal vez no ocupen cargos de liderazgo de manera oficial, pero que desempeñan un importante papel. Con frecuencia son trabajadores veteranos que se han ganado el respeto de sus coetáneos y que influyen en las opiniones y acciones de los demás. Si nos ganamos su apoyo honesto e incondicional, nuestras probabilidades de éxito estarán casi garantizadas.

Para obtener el apoyo de los líderes no oficiales, lo mejor es implicarlos en el proceso desde el principio. Debemos identificarlos, cultivar su amistad al comienzo del proceso e incluirlos en la planificación. Algo todavía más importante: debemos conservar su confianza y no hacer nunca promesas que no podamos cumplir. Muchas veces estos líderes rebosan de ideas y propuestas para mejorar las cosas. En una empresa mal dirigida, la directiva normalmente considera que los líderes no oficiales que discrepan con ellos son enemigos a los que deben eliminar. Esta situación normalmente hace que «se oculten» y se conviertan en una carga permanente sobre los hombros de sus jefes. En lugar de considerarlos causantes de problemas, deberíamos ver a estos hombres y mujeres influyentes como personas inteligentes y capaces con mucho que ofrecer. En vez de oponernos a ellos, es mejor que los incluyamos en el proceso de cambio y los incorporemos como plenos compañeros.

Si dichos líderes se muestran entusiastas con el cambio, contagiarán esta actitud a todos. Si los consideramos socios, habremos convertido nuestros posibles detractores en sinceros defensores y, de este modo, habremos invertido el flujo de la energía. Cuando la empresa se compone de docenas o centenares de empleados, pueden ser un elemento poderoso para que el cambio sea fructífero.

2. Comunicar la importancia de nuestra idea. Hacer que todos los empleados asuman la responsabilidad de los cambios que se implementarán; nuestro equipo será simplemente un modelo de conducta. Debemos explicar lo importante que es para la empresa.

3. Escuchar a los empleados. Como ya hemos dicho, saber escuchar es esencial para el éxito, pero deberíamos dar un paso más y realizar reuniones con todos los empleados, asegurándoles que no habrá repercusiones por cualquier comentario negativo que se haga. Conviene dejar claro que nuestra política es de puertas abiertas y cumplir con eso, escuchando todas las ideas que nos propongan sin criticarlas.

4. Garantizar el respeto por los demás. El principal problema en un entorno dictatorial es que los empleados sienten una falta absoluta de respeto. Después de todo, incluso las decisiones más triviales se toman sin contar con ellos. Para evitar esto, debemos empezar con elogios y ánimos y hacer saber a todos lo mucho que contribuyen a la empresa. Cuando haya un problema, debemos hacer que parezca fácil corregirlo; en vez de centrarnos en la persona, debemos prestar atención al sistema que ha generado el problema.

5. Formar equipos. Antes queríamos que nuestros empleados fueran trabajadores, ahora queremos que contribuyan al proceso. Debemos formar equipos multidisciplinares que se reúnan para hablar de los problemas que puedan surgir y resolverlos. Los empleados no sólo empezarán a sentirse respetados y valiosos, sino que también aprenderán a confiar en sus compañeros. En el capítulo 5 hablaremos más acerca de cómo formar equipos.

Por supuesto, esto es sólo el principio. El desafío más difícil será el de mantener este nuevo compromiso con las relaciones sociales a medida que la empresa atraviese nuevas crisis. Sin embargo, debemos resistir la tentación de volver a hacer las cosas como solíamos. Con perseverancia, lograremos grandes recompensas.

6. Ser más competentes que la media.

Darlene Thompson sentía gran curiosidad por las nuevas tecnologías en diagnóstico y tratamiento médico. Puesto que era auxiliar de enfermería en el hospital Mercy, observaba estos equipos pero no podía manejarlos.

Siempre que tenía ocasión, Darlene bajaba al departamento donde se utilizaban dichos equipos. Hablaba con los médicos y éstos le daban una información que ella luego podía estudiar.

A Darlene le resultaba especialmente interesante el uso de la máquina de ultrasonidos, que se emplea para identificar muchas afecciones. Se apuntó a un curso de formación, logró el certificado de técnica de ecografía para el diagnóstico médico y la contrataron a tiempo completo para ocupar este cargo. La mayoría de personas que obtienen ese certificado estarían satisfechas con ese trabajo, pero Darlene quería ser más que una buena trabajadora; su objetivo era ser la mejor técnica posible. Siguió estudiando y se ofreció voluntaria para trabajar en proyectos especiales con los médicos que utilizaban estos equipos. En un período de tiempo relativamente corto, Darlene era la técnica en ecografía más competente del hospital y estaba en camino de ser una profesional exitosa en este campo. Se encargó de contratar a dos auxiliares más y tuvo que instruirlos. A fin de asegurarse de que el aprendizaje fuese más rápido y eficaz, Darlene ideó un plan de formación. El proceso para desarrollar este plan obligó a Darlene a repensar muchas de las técnicas que había estado utilizando. Recordó algunos métodos especiales que no había empleado desde hacía años y dio con algunas ideas nuevas. En cuanto comenzó las clases de formación, la interacción entre Darlene y los aprendices la animó a mejorar su propia labor y aumentar la productividad.

7. Seguir probando nuevas ideas.

Los campeones nunca dicen: «Es imposible», sino que tratan de encontrar una manera de superar los obstáculos. Ni siquiera los campeones ganan siempre, pero nunca pierden sin primero haberse esforzado por llegar a lo más alto.

Norman Strauss tenía una empresa de pintura industrial en la ciudad de Nueva York. Un día se vio ante un importante problema. Tenía que presentar su oferta para el proyecto de pintar el Madison Square Garden, el estadio cubierto más grande de la ciudad, y el plazo terminaba a finales de semana. El principal problema era pintar el techo, que se hallaba a 37 metros de altura del primer piso. El modo habitual de llegar al techo consistía en utilizar un andamio en el que los pintores pudieran subirse para pintar. El coste de la construcción del andamio era el mismo para todos los concursantes. La única manera de reducir el coste significativamente era encontrando alguna forma de pintar el techo sin construir el andamio. Todos sabían que aquello era imposible, de modo que, ¿para qué molestarse?

Sin embargo, Norman Strauss no se daba por vencido con facilidad. Estaba convencido de que, si uno quería triunfar, nunca debía rendirse. Aquella noche, de regreso a su casa, Norman pasó por delante de una empresa eléctrica que estaba volviendo a pintar una farola. A fin de llegar a lo más alto, utilizaban una plataforma elevadora. «¿Por qué no usar una plataforma así para pintar el techo del estadio?», se preguntó Norman. Cuando analizó el asunto al día siguiente, resultó que era factible y económico. Así que pudo ofrecer un presupuesto significativamente más bajo que sus rivales y consiguió el encargo.

8. Recordar que la formación es un esfuerzo continuo.

La formación no termina cuando uno adquiere una competencia técnica. Los mejores atletas siguen entrenando al margen del éxito que tengan. Saben que la necesidad de entrenar nunca termina.

Sam Fredericks es un excelente vendedor que no cree que sea perfecto. Cada año, Sam realiza por lo menos un curso de formación en venta o conocimiento del producto. Cada semana dedica un tiempo a leer libros y escuchar cintas de formación, y ha logrado servir cada vez mejor a sus clientes y aumentar las ventas.

9. Enseñar a los demás a lograr buenos resultados con nuestro nuevo programa.

Otra forma de aumentar nuestras probabilidades de éxito es enseñando a los demás. Esto no sólo nos permite revisar sistemáticamente y reforzar lo que hemos aprendido, sino que a veces también aprenderemos de nuestros aprendices. Sus preguntas y propuestas pueden llevarnos a conocer mejor nuestro propio campo.

10. Planear por completo la ejecución del cambio en el trabajo.

Antes de comenzar el trabajo, es esencial que lo planeemos cuidadosamente. Un trabajador espléndido planea cómo desempeñará su labor antes de iniciar el proyecto.

Cuando realicemos un cambio en cualquier fase de nuestro trabajo, debemos dedicar tanto tiempo a la planificación como al trabajo en sí. Igual que antes de realizar una llamada para vender un producto el representante de ventas piensa detenidamente en todos los problemas que podrían surgir y cómo abordarlos, nosotros también debemos pensar en todas las repercusiones que podría tener cualquier aspecto del cambio antes de llevarlo a cabo.

Aprender de los buenos vendedores

Al margen de lo competentes que seamos, si no conseguimos «vender» nuestras ideas a los demás no lograremos alcanzar el éxito. Tanto si se trata de convencer a nuestro jefe para que implemente una propuesta que hemos hecho, como que nuestros compañeros cooperen con nosotros para un proyecto o que los trabajadores que están a nuestro cargo pongan más empeño, nuestra capacidad de «vender» es esencial para nuestro éxito. Si creemos sinceramente en aquello que estamos vendiendo, no nos será difícil proyectar esta creencia en los demás.

Cuando Jennifer Deane, la directora de recursos humanos de la empresa Sweet Sixteen Cosmetics, examinó las hojas de asistencia de la empresa, vio que era urgente la necesidad de hacer algo con respecto al problema creciente de la impuntualidad. El castigo a los que llegaban tarde no había funcionado y el plan para recompensar a aquellos que siempre llegaban a su hora no había causado mejoras significativas. Un año antes había propuesto un horario flexible como alternativa al horario tan rígido que tenían, pero su jefe había rechazado su propuesta sin contemplación. ¿Cómo podía volver a introducir esta idea y que su jefe cambiara de opinión?

Vender ideas no es muy distinto de vender un producto o un servicio. Si seguimos el enfoque de los buenos vendedores, podemos convencer a los demás para que acepten nuestras ideas. El primer paso en cualquier actividad comercial consiste en prepararse adecuadamente. Ningún buen vendedor intentaría realizar una venta sin antes haberse preparado de forma concienzuda.

ભ

Las ventas dependen de la actitud del vendedor,
no de la actitud del posible cliente.

W. Clement Stone

ભ

Aclarar nuestras ideas

Así como un vendedor debe conocer a fondo su producto para poder venderlo, nosotros debemos saber todo lo posible acerca de la idea que queremos vender. Antes siquiera de que Jennifer mencione el asunto del horario flexible delante de su jefe, debería saber todo lo posible sobre la viabilidad y los resultados más habituales de este concepto. Debería leer la bibliografía disponible sobre el tema, hablar con ejecutivos de otras empresas que hayan adoptado un horario similar y determinar la actitud de algunos de sus empleados que se verán afectados por el cambio.

Si existen variaciones del concepto que deseamos presentar, debemos descubrir y analizar las alternativas. La mayoría de ideas tienen inconvenientes y limitaciones. Debemos afrontarlos, saber cuáles son y qué medidas tomar para superarlos.

De nuestro análisis del tema, debemos determinar qué logrará esta idea que ninguna otra idea pueda lograr. Al analizar la experiencia de otras empresas que habían utilizado un horario flexible, Jennifer descubrió que todas habían logrado disminuir la impuntualidad significativamente. También descubrió que la productividad no se había visto afectada incluso a pesar de que no todos los trabajadores estaban allí a las mismas horas. Además, había facilitado la contratación de nuevos empleados, especialmente de padres con niños. Jennifer presentó a su jefe los datos reunidos y le dijo que «la característica más extraordinaria del horario flexible era que podía combinar estos beneficios: reducir la impuntualidad sin una pérdida de productividad y, al mismo tiempo, atraer a buenas personas a la empresa».

¿En qué se beneficia el comprador?

Todo vendedor sabe que la principal preocupación de cualquier comprador es: «¿En qué me beneficio yo?». ¿En qué se beneficiará la empresa si acepta nuestra idea? La mayoría de ejecutivos están preocupados por los costes, así que debemos ser capaces de demostrar que nuestra idea es rentable.

Si estamos vendiendo la idea a una persona con la que trabajamos y que conocemos muy bien, como nuestro jefe inmediato, deberíamos saber cuáles son sus intereses y prepararnos para hacer nuestra presentación a medida de éstos. Si podemos adaptar lo que ofrecemos a lo que más desea la otra persona, aumentaremos nuestras probabilidades de realizar esa venta.

Sin embargo, si la persona con la que vamos a hacer nuestra presentación es prácticamente desconocida para nosotros, es importante descubrir qué es de su verdadero interés. Para ello debemos estar preparados con objeto de realizar preguntas a fin de descubrir sus verdaderos intereses. A través de otras personas con las que interactúa, debemos descubrir todo lo posible sobre ella. Deberíamos tratar de encontrarnos con ese ejecutivo antes de proceder a hacer la presentación y hacerle las preguntas oportunas que puedan iluminarnos. Las preguntas directas como: «¿qué deseas conseguir con ésa y aquella actividad?», «¿cuáles son tus objetivos para este año?», o las preguntas indirectas como: «¿qué objetivos que hayas logrado te han dado más satisfacción?, ¿por qué?», pueden ayudarnos a preparar un discurso hecho a medida de esa persona. Debemos escuchar detenidamente sus respuestas para descubrir qué es lo que realmente emociona al comprador.

Reunir pruebas

Los buenos vendedores siempre disponen de pruebas para demostrar sus argumentos. Para vender una idea, la mejor prueba es la experiencia de otras empresas que hayan probado con éxito ideas similares. Jennifer contactó con varias empresas de su entorno que hubieran ofrecido un horario flexible durante varios años y pudo obtener considerables datos sobre los beneficios derivados de este horario. También descubrió los problemas que habían tenido y cómo los habían resuelto. Al descubrir tanto los aspectos negativos como positivos del horario flexible, pudo prepararse para las objeciones que podría hacerle su jefe y elaborar los argumentos necesarios para refutarlas.

Igualar nuestra oferta con la demanda

Los hechos por sí solos rara vez lograrán que hagamos una venta. El vendedor debe ser capaz de mostrar cómo estos hechos se traducen en beneficios para el comprador. Cuando nos preparemos para vender una idea, conviene que enumeremos en una columna cada uno de los aspectos que hacen que nuestra idea merezca la pena y en la otra identifiquemos los beneficios que proporcionan al comprador.

Para el ejemplo de Jennifer sobre su idea del horario flexible:

Hecho (lo que se ofrece)	**Beneficio (lo que se desea)**
Reducir la impuntualidad un 80 %	Ahorrar 2.300 dólares al mes
Aumentar la moral	Reducir la rotación de personal
Atraer mejores trabajadores	Aumentar la productividad

Si mostramos que la idea que estamos vendiendo logrará los objetivos que el comprador quiere conseguir para su empresa, nuestra presentación dará una imagen positiva y convincente. Nadie quiere ser «vendido». A todo el mundo le gusta sentir que lo que ha comprado era lo que quería comprar. Si mostramos a la persona a la que le estamos presentando nuestra idea que ésta encaja con lo que realmente quiere, es más probable que logremos la aceptación de nuestra propuesta.

Ahora estamos preparados para hacer la presentación y vender la idea a nuestro jefe.

¿Cómo deberíamos exponer las pruebas? Si conocemos a la persona a la que estamos tratando de venderle el concepto, deberíamos saber cómo le gusta recibir la información. Algunas personas son más fáciles de acceder mediante tablas, gráficos y diagramas; otras por medio de argumentos o ejemplos convincentes. Si utilizamos el formato que es más probable que impresione a nuestro público, tendremos mayores posibilidades de conseguir la venta.

Acaparar la atención

Con frecuencia, los vendedores se ganan la atención de un posible cliente comentando la decoración de la oficina, un cuadro de la pared o cualquier otro asunto superfluo. Cuando tratemos con una persona con la que trabajamos, es mejor empezar con algo que sepamos que será de su interés. Si sólo le interesa todo lo que tenga que ver con la empresa, entonces debemos empezar con cualquier tema relacionado con eso: «Doug, sé lo preocupado que has estado por aumentar la productividad; una de las causas de la baja productividad, como bien sabes, es nuestra dificultad para encontrar buenos trabajadores de apoyo. Si hubiera alguna forma de atraer trabajadores más capacitados, querrías conocerla, ¿no?».

La única respuesta que Doug podría dar es afirmativa. Jennifer ha presentado la principal ventaja de su concepto y ha logrado que su jefe le preste atención inmediatamente. Ahora debe seguir para determinar los intereses particulares de Doug.

Hacer preguntas y escuchar las respuestas

A pesar de que a raíz de trabajar con Doug, Jennifer conoce buena parte de lo que realmente le interesa, debería estar preparada para hacer preguntas específicas sobre los objetivos de él. Si estamos ante una persona a la que no conocemos bien, esta parte de la presentación tal vez sea la más importante. Es esencial descubrir qué es lo más importante para este ejecutivo. Tal vez descubramos que la principal preocupación de una persona es la rentabilidad, mientras que otra persona quizás esté más interesada en si el nuevo concepto afecta a su imagen.

Muchas personas están tan ansiosas por «vender» sus ideas que no escuchan lo que realmente quiere el «comprador». Algunos vendedores asumen que, como el precio de su producto es más bajo que el de sus rivales, pueden hacer hincapié en el ahorro que supondrá para el comprador y no escuchan las preocupaciones de su posible cliente acerca de la calidad del producto. Deberíamos evitar presuponer que los intereses del ejecutivo son los mismos que los nuestros. Conviene escuchar detenidamente las respuestas a nuestras preguntas y estar preparados para captar las sutilezas que pueden conducirnos a los verdaderos intereses de la persona.

Presentar las pruebas

Durante nuestra preparación deberíamos haber reunido pruebas considerables para respaldar las ideas que deseamos vender. En cuanto sabemos lo que quiere realmente el ejecutivo al que debemos vender nuestra idea, podemos adaptar las pruebas a sus deseos.

Jennifer sabe que su jefe, Doug, es un pragmatista. No acepta teorías vagas, pero le impresionan los datos y las cifras. También sabe que mide todos los proyectos según si son rentables o no. Para venderle la idea del horario flexible, Jennifer debe estar preparada para mostrarle que ha funcionado en otras empresas y cuál ha sido su coste.

«Doug, he hablado con Hilary Hendricks, la directora de recursos humanos de Fitrite Shoes. Hace tres años establecieron el horario flexible en su empresa. Según me dijo, han reducido la impuntualidad un 80%, logrando ahorrar 3.000 dólares al mes. Además, el programa les ha ayudado a encontrar trabajadores auxiliares más aptos y han reducido significativamente la rotación de personal», dijo Jennifer.

Hacer frente a las objeciones

A los vendedores les gustan las objeciones porque les ayuda a determinar qué quiere realmente el posible cliente y les permite abordar esa cuestión y aumentar sus probabilidades de realizar la venta. Los buenos vendedores anticipan las objeciones que es probable que les hagan y están preparados para contrarrestarlas. Deberíamos saber qué objeciones es más probable que nos haga nuestro jefe a los cambios que proponemos y estar preparados para abordarlas.

Doug había rechazado la idea del horario flexible el año anterior porque creía que afectaría a la producción. «Si todos vienen a horas distintas, ¿cómo podemos coordinar la producción? ¿Y si el supervisor necesita una información vital de un trabajador que ya se ha ido o que todavía no ha llegado?».

A raíz de su investigación, Jennifer había descubierto cómo otras empresas habían lidiado con esas situaciones y estaba preparada para señalar que las ventajas compensaban las limitaciones.

Cerrar la venta

Existen varios métodos para cerrar una venta. Un método que normalmente resulta útil para vender una idea a un ejecutivo consiste en pedirle que nos ayude a evaluar nuestra idea. Debemos dividir una hoja en dos columnas, en una poner *aspectos negativos* y en la otra *aspectos positivos*. Inmediatamente debemos enumerar las principales objeciones que nos hayan hecho en la columna de los *aspectos negativos* y escribir los argumentos que las contrarrestan en la columna de los *aspectos positivos*. En esta última columna, debemos añadir todos los beneficios adicionales que se hayan mencionado. Si hemos hecho nuestros deberes, deberíamos tener muchos más aspectos positivos que negativos, y luego preguntarnos: «Si consideramos algunas de las causas que podrían hacernos dudar de si aceptar o no esta idea y las contraponemos con los motivos a favor de ésta, ¿qué lado compensa más?». La respuesta tiene que ser el lado positivo.

En cuanto acepte que el cambio que proponemos es viable, podemos decir: «Puesto que estás de acuerdo en que es una buena idea, me gustaría hablar acerca de cómo podemos implementarla». Si antes de realizar el cambio nuestro jefe u otros ejecutivos deben convencer a los demás del mismo, podemos proponer que estaremos encantados de ayudar en la preparación de esa presentación.

Con una preparación cuidadosa y siguiendo los métodos utilizados por los buenos vendedores, podemos presentar y vender nuestras propuestas de cambio en nuestra empresa y lograr la gran satisfacción de ser capaces de ver cómo se aceptan y llevan a cabo dichos cambios.

ဢ

El mundo odia los cambios, sin embargo, son lo único
que ha permitido el progreso.

Charles Kettering

ဢ

Cuando no nos gusta la tarea que debemos desempeñar

De vez en cuando a todos nos asignan una tarea que no nos gusta. En la mayoría de trabajos hay muchas tareas que son desagradables, aburridas o tediosas. Por supuesto, este hecho no ayuda demasiado cuando antes hemos realizado tareas que nos gustaban y ahora tenemos que desempeñar una labor que no es tan divertida.

El objetivo es atravesar este período y mostrar que somos jugadores de un equipo que estamos dispuestos a hacer lo que sea necesario. Cuando nuestro supervisor vea lo bien que desempeñamos una tarea que sabe que no nos gusta, es probable que nos recompense con una labor mucho más emocionante en el futuro.

Debemos tener este objetivo en mente mientras nos abrimos paso a través de esta época difícil y utilizamos las siguientes tácticas:

Esperar ingratitud. Diane acababa de dejar su trabajo después de veinte años en la misma empresa. La fiesta de despedida hizo que, literalmente, le saltaran las lágrimas, no porque fuera a echar de menos a sus compañeros sino porque en veinte años nunca había advertido lo mucho que la respetaban y que valoraban su trabajo. «Si lo hubiera sabido me habría quedado», se lamentaba.

Por desgracia, la ingratitud es habitual en el trabajo. Muchos jefes creen que, como pagan a sus trabajadores, ya reconocen lo bastante su labor. Sin embargo, sabemos que eso no es cierto, que muchas veces unas palabras de agradecimiento valen más que cualquier plus económico, pero tampoco podemos cambiar el sistema de un día para otro. Debemos comprender que, aunque nos hayan encargado este proyecto, no significa que nos estén castigando o que no valoren el trabajo que hemos desempeñado anteriormente. A menos que nuestro supervisor nos diga lo contrario, estos dos aspectos no guardan relación.

No critiques, culpes ni te quejes. Dale Carnegie consideraba que ésta era una regla general para tener buenas relaciones sociales. Tal vez nos sintamos tentados a decir al mundo que estamos siendo infrautilizados y que sentimos que nuestro supervisor ha cometido un error asignándonos este proyecto.

Es posible que incluso queramos quejarnos del proyecto, lamentando que supone una pérdida de tiempo y dinero. Esta actitud sólo servirá para perpetuar nuestra falta de motivación y, al mismo tiempo, hará que nos ganemos una mala reputación en nuestro trabajo. Incluso aunque odiemos esa asignación, es momento de dejar el tema y ponernos a trabajar.

Estamos sobrecualificados

Tal vez creamos que estamos sobrecualificados para la tarea. En vez de quejarnos, debemos aprovecharlo como una oportunidad para aportar una perspectiva única que podría ahorrar dinero a la empresa o ayudarnos a cumplir con el plazo antes de lo previsto. Quizá nos permita realizar la tarea en menos horas y nos deje tiempo libre para centrarnos en otros proyectos. Así, es posible que tengamos la oportunidad de probar nuevas estrategias que siempre hemos querido probar en un proyecto y que es mejor ponerlas en práctica en algo más simple. Si mostramos tanto entusiasmo, tal vez hallemos un nuevo componente para este proyecto; podría ser perfectamente un terreno de pruebas para nosotros, a fin de mostrar a nuestro supervisor que tenemos la capacidad y la creatividad necesarias para abordar proyectos más complejos.

Enfrentarnos a los cambios que aceptamos a regañadientes

Cooperar con lo inevitable

Todos sabemos que no podemos evitar o huir de un cambio. Forma parte de todo lo que hacemos en nuestra profesión. Recordarlo hará que no perdamos el tiempo y el ánimo luchando contra lo inevitable.

Dar lo mejor de nosotros

La regla más fundamental de la profesionalidad es dar lo mejor de uno mismo en todo momento. Esta actitud nos motiva y dirige nuestros esfuerzos a través de cualquier cambio que estemos afrontando. Al margen del impacto que acabe teniendo el cambio en nuestra profesión, queremos poder decir, tanto a nosotros como a los demás, que lo hicimos lo mejor que pudimos.

Poner entusiasmo en nuestro trabajo

¿Cómo podemos aumentar el entusiasmo por nuestro trabajo? ¿Cómo podemos motivarnos? ¿Qué podemos hacer para asegurarnos que ponemos toda la energía que podemos en nuestro trabajo? Los períodos de cambio son épocas en las que necesitamos todo el entusiasmo que podamos reunir. De este modo logramos hacer más, mejor, más rápido y con menos esfuerzo. Experimentamos más alegría y tenemos la sensación de haber cumplido con nuestra labor.

Permanecer flexibles durante el cambio

Debemos considerar que somos capaces de extendernos, expandirnos y adaptarnos a cualquier novedad. ¿Quién quiere verse a sí mismo como alguien estático, inflexible e incapaz de adaptarse? Los períodos de cambio son impredecibles y es posible que se nos exija adaptarnos a cambios que no habíamos anticipado. A fin de permanecer flexibles, podemos seguir los siguientes consejos:

- Fijarnos objetivos a corto plazo.

  Durante los períodos de cambio es mejor que pensemos en el futuro, pero no en un futuro muy lejano. Debemos centrarnos en objetivos que podamos llevar a cabo en un futuro inmediato. Así podremos lograr resultados perceptibles y motivadores, incluso aunque nuestro plan sufra alguna modificación. En vez de dejar de esforzarnos porque cambien las prioridades, es mejor que alcancemos nuestros objetivos a corto plazo y que sigamos avanzando.

- Trabajar en períodos de gran intensidad.

  Algunas personas lo denominan «mentalidad del Blitz». Debemos esforzarnos de verdad por terminar tareas en períodos intensos de producciones creativas que den lugar a resultados concretos. De este modo, lograremos resultados mensurables que nos motivarán e inspirarán para seguir con nuestro trabajo y, de paso, estrecharán nuestro compromiso con el cambio.

- Centrarnos en los esfuerzos en equipo.

  Los equipos cambian constantemente sus plazos de entrega y las responsabilidades de cada uno de sus miembros. Si nos ponemos de acuerdo con otros que persigan objetivos similares, crearemos la oportunidad de ser flexibles en la consecución de los resultados. Estaremos más centrados en los demás y es menos probable que nos retiremos a nuestra zona de confort. Ganaremos motivación e inspiración gracias a los demás miembros del equipo, lo que hará que sea más probable que desempeñemos con éxito un rol de liderazgo. En el capítulo 5 hablaremos del rol del equipo al efectuar un cambio.

- Prever los posibles escenarios del cambio.

La estrategia más importante para no perder la flexibilidad durante un cambio es preparándonos para varios escenarios posibles. Si podemos elaborar un plan para cada posible situación, estaremos preparados para comprometernos con el cambio al margen de cómo nos afecte en nuestro trabajo. De este modo, tendremos más flexibilidad y confianza y será más probable que logremos liderar el cambio sin ninguna autoridad.

Resumen

- Un factor clave para acercarnos al éxito es tener un sólido compromiso por esforzarnos a fin de mejorar constantemente.
- Para ganar credibilidad al proponer un cambio, debemos desempeñar de forma excelente nuestro trabajo. Si somos buenos en nuestro trabajo, nuestro jefe podrá contar con nosotros, le facilitaremos su trabajo y seremos mucho más valiosos para la empresa.
- No temer llamar la atención de nuestro jefe sobre los defectos y los posibles problemas de sus propuestas. De este modo, ofreceremos un servicio que no sólo resultará en una mejora de la gestión de nuestro jefe, sino que también aumentaremos la probabilidad de que termine aceptando nuestras ideas y propuestas.
- Antes de proponer un cambio, no sólo debemos considerar sus aspectos positivos, sino también evaluar todos los posibles efectos negativos y estar preparados para contrarrestarlos.
- Incluso aunque no estemos de acuerdo con los cambios iniciados por la empresa, debemos poner todo nuestro empeño y esforzarnos para que prosperen.

- Cuando iniciemos un cambio, podemos aumentar nuestras probabilidades de éxito si tomamos las siguientes medidas:

  1. Creamos un grupo central de trabajadores de todos los niveles de la empresa a fin de respaldar nuestra labor.
  2. Nos aseguramos de que todos los implicados entienden completamente los aspectos del cambio.
  3. Utilizamos todos los métodos adecuados que tengamos a nuestra disposición para trasmitir el mensaje a todos los implicados.
  4. Fomentamos las aportaciones de todos los participantes.
  5. Creamos equipos multidisciplinarios que se reúnan para hablar de los problemas que puedan surgir y para resolverlos.
  6. Nos informamos sobre todos los aspectos de los cambios para estar plenamente capacitados cuando los implementemos.
  7. Si surgen obstáculos, no debemos rendirnos, sino seguir intentándolo hasta encontrar una solución.

- Al margen de lo competentes que seamos, a menos que podamos vender nuestras ideas a los demás, no podremos alcanzar el éxito. Tanto si se trata de persuadir a nuestro jefe para que implemente una propuesta que hemos hecho, como de pedir a nuestros compañeros que cooperen con nosotros en un proyecto o que los trabajadores que están a nuestro cargo se esfuercen más, nuestra habilidad para «vender» es esencial para nuestro éxito. Si creemos sinceramente en lo que estamos «vendiendo», no nos resultará difícil proyectar esa creencia en los demás.
- Con una preparación cuidadosa y siguiendo los métodos utilizados por los buenos vendedores, podemos presentar y vender nuestras propuestas de cambio en nuestra empresa y lograr la gran satisfacción de ser capaces de ver cómo se aceptan y llevan a cabo dichos cambios.

5

Ser jugadores de un equipo

Los equipos no son objetivos en sí mismos, sino los medios a través
de los cuales se consiguen otros objetivos de la empresa.

Richard Wellins, William Byham, Jeanne Wilson

 C

En los trabajos de hoy en día se espera que cada uno de nosotros contribuyamos como jugadores de un equipo, a menudo jugando en varios equipos al mismo tiempo. Nuestra habilidad para destacar como miembros valiosos de estos equipos podría tener un efecto significativo en la consecución de nuestros logros profesionales.

El hecho de ganarnos la fama de ser miembros valiosos de un equipo ejerce un impacto sobre nuestros objetivos profesionales actuales, relaciones laborales, oportunidades para ser líderes de equipo y grado de satisfacción y motivación que sentimos por nuestro trabajo que, a su vez, tienen un efecto significativo en el éxito de la implementación del cambio.

En este capítulo hablaremos de las actitudes que proyectamos, del apoyo que brindamos a los demás durante el cambio y de las contribuciones que hacemos en nuestro equipo de trabajo para ayudar a que el cambio sea fructífero.

Los elementos más importantes del arte de trabajar en equipo son:
saber afrontar el cambio, abordar el conflicto y alcanzar nuestro potencial...
las necesidades del equipo se consiguen mejor cuando se cubren
las necesidades de cada persona.

Max DePree

¿Por qué equipos?

El «espíritu de equipo» es un concepto con el que todos estamos familiarizados. Desde la infancia –en la escuela y en los campos de juego– nos han enseñado el valor de trabajar juntos para alcanzar nuestros objetivos. ¿Podemos trasladar esta idea a nuestro trabajo?

Hoy en día la mayor parte de trabajos deben llevarse a cabo en grupos. Muy pocos trabajos recaen sobre una única persona. Si estos grupos de trabajo pudieran ser como equipos, podríamos inculcar en los miembros de éstos un sentimiento de pertenencia que conduce al compromiso y a una mayor productividad.

A fin de ser buenos jugadores de equipo, nos será útil comprender cómo los líderes crean y dirigen sus equipos.

Crear el equipo

Dave se hallaba ante un difícil problema. Sus comerciales dependían del apoyo del personal de administración para obtener y mantener su número de ventas.

Los comerciales cobraban a comisión. Trabajaban mucho y durante largas horas para conseguir y mantener ventas. Muchas veces se frustraban cuando en el departamento de pedidos paralizaban las entregas porque hallaban problemas insignificantes o los representantes del servicio al cliente fastidiaban a un cliente mostrándose indiferentes a su petición.

Dave dividió el país en cinco regiones y volvió a organizar los departamentos en cinco equipos, uno para cada región. Cada equipo se componía de comerciales, administradores de pedidos, representantes de servicio al cliente y otros miembros de apoyo. Al distribuirlos según un nuevo sistema, Dave siguió los siguientes pasos para conseguir el desarrollo fructífero de un equipo:

Capacitación. Antes de iniciar su nueva metodología, Dave reunió a todos sus comerciales en el campo y llevó a cabo un programa de formación durante el fin de semana para todo el departamento de ventas. Explicó el funcionamiento del programa, sus diferencias respecto al programa actual y las ventajas de trabajar conjuntamente para alcanzar el objetivo de conseguir y mantener clientes. A fin de capacitar al equipo para trabajar conjuntamente, utilizó técnicas como el debate, la interpretación de roles y la simulación de casos.

Entusiasmo. Con objeto de que toda actividad en equipo funcione, los miembros de éste no sólo deben aceptar la idea, sino acogerla con entusiasmo. Dave tomó prestadas algunas de las técnicas utilizadas en los deportes, como que cada equipo eligiese su nombre y un color. Al principio había pensado en escoger un nombre para cada equipo, pero luego se dio cuenta de que les daba más poder si permitía que cada equipo eligiera su propio nombre. Anunció que los equipos llevarían a cabo competiciones con respecto a una variedad de criterios, y que sus recompensas serían desde cenas en grupo hasta primas económicas.

Seguridad. Dave aseguró a los equipos que no los abandonaría completamente a su suerte. Él y otros ejecutivos de la empresa les brindarían todo el apoyo necesario en cuanto a publicidad y promoción dentro de un presupuesto específico. Aseguraron a todos los equipos que la directiva recabaría y recibiría con los brazos abiertos sus ideas y conceptos.

Medición. Fijaron objetivos específicos para cada equipo y les dijeron cómo los medirían. Llevarían a cabo evaluaciones del rendimiento de cada individuo, pero además de las medidas habituales, también tendrían en cuenta el trabajo de cada persona como miembro de un equipo. Los pluses y los aumentos de sueldo se basarían en la productividad del grupo para fomentar que sus miembros se ayuden entre sí.

Al término del primer año de esta reorganización, las ventas habían aumentado significativamente. En vez de permitir que los pedidos se archivaran por un error insignificante en el formulario, los administrativos buscaban el origen del error y lo corregían de inmediato. Las secretarias y los representantes del servicio al cliente hacían lo indecible por ayudarlos, y la moral de todos los comerciales y responsables de almacén estaba muy alta.

La formación de equipos tiene muchas ventajas. Las personas que aprenden a trabajar en grupo son más productivas, disfrutan más de su trabajo y son más proclives a aceptar los cambios. Además, se crea un ambiente más motivador en el trabajo y ayuda a fomentar el espíritu de compañerismo que es tan importante para lograr los objetivos.

Principios para participar en equipos durante un período de cambio

Una forma de contribuir a nuestro equipo durante un período de cambio es mantener una actitud positiva y centrada. Los siguientes principios nos ayudarán a conservar la atención centrada en el éxito del equipo.

Los miembros de un equipo deberían apoyarse mutuamente

Durante los períodos de cambio, a veces nos sentimos como si camináramos por la cuerda floja. Incluso aunque otros miembros del grupo estén experimentando el mismo cambio, podemos sentirnos aislados y solos durante los cambios en el trabajo. Debemos comprometernos a brindar nuestro apoyo a los demás miembros y hacerles saber que todo el equipo está unido en este esfuerzo. Si brindamos nuestro apoyo incondicional a nuestros compañeros de equipo, a cambio nosotros recibiremos su apoyo.

Divertirse

Admitámoslo: a veces nos tomamos las cosas demasiado en serio. Sin lugar a dudas, durante los períodos de cambio en el trabajo debemos realizar un esfuerzo serio y exigente en equipo, pero el trabajo en grupo, cuando rinde al máximo, es acelerado, atractivo y divertido.

Muchos creemos que el esfuerzo más emocionante y gratificante de nuestro trabajo es el que realizamos en grupo. Debemos comprometernos a hacer que el trabajo en grupo durante los períodos de cambio sea placentero y divertido, y no monótono y aburrido.

Perseguir la eficiencia

Una de las ventajas de trabajar en grupo es que podemos sacar provecho de los puntos fuertes de cada miembro de nuestro equipo. Cuando formamos parte de un equipo no tenemos que hacer todo nosotros, ni siquiera saberlo todo.

Podemos utilizar nuestras habilidades, experiencia y capacidades individuales para que el grupo sea más eficiente y logre más objetivos.

Fortalecer un espíritu de equipo competitivo

Podemos estar sumamente orgullosos de formar parte de un equipo con un alto rendimiento. A medida que nos fijamos objetivos y los alcanzamos, ¿por qué no competir entre nosotros y estimularnos para que el equipo logre un rendimiento mayor? Cuando conectamos con nuestro espíritu competitivo, nuestro equipo está más unido y logra resultados más fructíferos.

Ser ambiciosos

Tal vez los cambios que experimentamos en equipo sean lo mejor que nos ha ocurrido jamás. Quizá superemos los cambios de forma tan satisfactoria que logremos el reconocimiento del equipo. En lugar de creernos simples supervivientes de los cambios, es mejor que seamos ambiciosos e imaginemos que los cambios en el trabajo son trampolines que nos lanzan a un mayor éxito tanto individual como colectivo.

ↄ

Cambia tus ideas y cambiarás el mundo.

Norman Vincent Peale

ↄ

Comunicar nuestras expectativas

La mejor manera de romper el aislamiento es comunicándonos abierta, honesta y frecuentemente. ¿Cuáles son nuestras expectativas como equipo? ¿Cuáles son nuestras expectativas sobre el esfuerzo del equipo y los resultados que podemos obtener? Debemos comprometernos a hablar de estas expectativas y escucharnos los unos a los otros de verdad. De este modo, todos los miembros del grupo podrán perseguir un objetivo común.

A veces resulta difícil comunicarnos con algunos miembros de nuestro equipo. Todos conocemos a personas que no nos interesan especialmente, pero que no podemos ignorar. Sabemos lo que desgastan esas relaciones nuestra salud mental, incluso algunas veces física. Tal vez temamos tener que estar en la misma habitación que esas personas o algo todavía peor, quizás pasemos horas de nuestro preciado tiempo simplemente tratando de afrontar las malas sensaciones que tenemos.

Pero no tiene por qué ser así. No tienen que agradarnos todos los miembros de nuestro equipo, sin embargo, podemos hacer que las relaciones desafiantes nos resulten más fáciles si seguimos unas pocas tácticas comunicativas:

1. Empezar con un tono amistoso. Karl, sobre la valoración de su relación con Todd, un miembro de su equipo, dijo: «Como me sentía incómodo con Todd, cuando entraba en la sala me sentaba lo más lejos de él que podía, cruzaba los brazos y esperaba a que se crispara el ambiente. No me di cuenta de que eso empeoraba la situación hasta que hice un esfuerzo consciente por sonreír a Todd y hacerle una pregunta personal –cómo estaba su familia o qué pensaba del último partido del equipo de fútbol americano del barrio–. Nuestra relación no tardó mucho en mejorar desde entonces».

2. Mostrar respeto por la opinión del otro. No decirle nunca a una persona que está equivocada. Puede ser algo difícil, especialmente si su opinión es antagónica a la nuestra o si está mal informada. Cuando la propuesta de alguien no es apropiada o útil, en lugar de criticar a la persona, conviene señalar cuidadosamente cómo se puede mejorar la idea. Es mejor centrarse en el problema y la solución, no en la persona implicada.

3. Tratar honestamente de ver las cosas desde el punto de vista del otro. De nuevo, puede ser difícil cuando estamos convencidos de que la otra persona tiene un modo de pensar completamente dis-

tinto al nuestro. Aun así, con un poco de práctica, podemos empezar a dar a los demás el beneficio de la duda y ver por qué podrían sentirse de un modo determinado.

4. Evitar los comentarios negativos. Debemos recordar el dicho: «Si no puedes decir algo bueno mejor no digas nada». Puede parecer extraño, pero funciona, en especial con las relaciones difíciles.

Contribuir a las relaciones grupales durante el cambio

El trabajo en equipo se fundamenta en las relaciones. Para que el grupo afronte el cambio con eficacia, las relaciones entre sus miembros deben basarse en la confianza, el apoyo y el respeto. Cuando seguimos estos principios, nos sentimos mejor con nuestros compañeros y con nosotros mismos. A continuación, vamos a observar cómo se aplican algunos de los principios de Dale Carnegie a esta situación:

1. *No criticar, condenar ni quejarse.* Es fácil encontrar defectos en los demás y en la empresa durante la incertidumbre del cambio. Se necesita un tiempo para que el cambio se implemente con éxito. En lugar de condenar las acciones de los demás o de aburrir al personal con nuestras quejas, es mejor buscar los puntos fuertes de los otros.

2. *Ofrecer un agradecimiento honesto y sincero.* Deberíamos centrarnos en los rasgos de los demás que admiramos y apreciamos, y en los aspectos de la empresa que nos inspiran y motivan. Conviene que expresemos nuestro agradecimiento siempre que podamos a fin de evitar fijarnos en los defectos.

3. *Hacer hincapié en lo positivo.* Cuando estamos en mitad del cambio, ¿somos la clase de personas con la que los demás quieren

trabajar y desean incluir y escuchar? ¿O, por el contrario somos alguien que sólo hace que todo sea más difícil? Debemos buscar formas de contribuir al proceso y motivar a los demás.

4. *Mostrar un interés genuino por los demás.* Durante los períodos de cambio, muchos tendemos a centrarnos únicamente en nuestras propias preocupaciones. Sólo pensamos en nosotros, ansiosos por cómo afectará el cambio a nuestra profesión. En vez de eso, es mejor que nos interesemos en los demás, nos centremos en ellos y aprendamos de ellos.

5. *Sonreír.* Sonreír es lo único que podemos controlar. Podemos comprometernos a conservar una sonrisa y ser alguien con quien los demás disfrutan encontrándose. Una sonrisa es la mejor forma de mostrar confianza y simpatía durante los períodos de cambios. Y, además, es contagiosa. Debemos crear sonrisas para los demás.

6. *Recordar los nombres de los demás y utilizarlos.* Recordar el nombre de alguien es una forma de mostrar que esa persona nos importa. Es especialmente importante durante una época de cambio, cuando las personas a menudo están incómodas y sienten que son las únicas que están experimentando el cambio. Recordar y utilizar los nombres de los demás es una forma de poder establecer un vínculo con ellos y apoyar a los miembros de nuestro equipo.

7. *Hablar con los demás sobre sus intereses.* No podemos ensimismarnos cuando nos centramos en los demás. ¿Cuáles son los intereses de los miembros de nuestro equipo? ¿Qué podríamos preguntarles sobre sus intereses a fin de lograr que se abran a nosotros?

8. *Hacer, con sinceridad, que los demás se sientan importantes.* No es raro sentirnos un poco perdidos e insignificantes cuando nuestro

entorno de trabajo está cambiando. Si nosotros nos sentimos así, sin duda, los demás también. Debemos dedicar un tiempo a permitir que los demás sepan que pensamos que sus contribuciones son importantes.

Grados de atención

En épocas de cambio, nada es más importante que mantener la comunicación con los demás. De todas las habilidades comunicativas necesarias para participar en grupos eficaces, saber escuchar es la más importante. Los períodos de cambio dejan a la gente con preguntas, observaciones y opiniones que necesitan ser escuchadas en el seno del grupo. Todo el equipo se beneficia cuando los miembros creen que los demás les están escuchando.

En el ambiente acelerado del cambio en el trabajo, a veces no estamos tan centrados en nuestra capacidad de escuchar como deberíamos. Otros miembros del equipo pueden percibir distintos grados de atención por nuestra parte. Nuestro objetivo es aumentar nuestro grado de atención a fin de escuchar de forma proactiva.

Es natural que durante los períodos de cambio pensemos en nosotros y en nuestras preocupaciones y hablemos de eso la mayor parte del tiempo. Muchos de nosotros procesamos estos pensamientos verbalmente en nuestras conversaciones con los demás. En lugar de eso, debemos ponernos el reto de escuchar, alentar a los demás de la empresa a que hablen y ver si podemos ser empáticos y comprensivos.

ఆ

Sé buen oyente. Tus oídos nunca te causarán problemas.

Frank Tyger

ఆ

Obstáculos que impiden el éxito grupal

Un cambio importante en muchas empresas es el de adoptar una estructura grupal. Los equipos pueden ser de gran ayuda para una empresa. Pueden revitalizar aquellas empresas que van cuesta abajo, pueden alentar a los miembros del equipo a ser más creativos y productivos y también crear líderes para el futuro. Sin embargo, los grupos no siempre funcionan. A pesar de que la mayoría de empresas ha logrado resultados fructíferos con ellos, hay un buen número de empresas en las que la adopción de una estructura grupal ha sido decepcionante. A continuación, vamos a enumerar algunos de los motivos por los que esto ocurre.

No fijar objetivos claros

No podemos convertir los grupos de trabajo en equipos por mandato de la directiva. Tenemos que dedicar un tiempo a planear exactamente lo que queremos hacer y cómo pensamos hacerlo. Además, a menos que sepamos exactamente lo que queremos conseguir, no tendremos forma de medir lo cerca que estamos de conseguirlo. Debemos fijarnos objetivos específicos y emplearlos como criterio para medir nuestro progreso.

Los objetivos especificados para cumplir la misión del equipo deben estar en la línea de los objetivos más generales que ha determinado la empresa. Si los objetivos que planeamos alcanzar para nosotros, nuestro departamento o equipo no están coordinados con los objetivos de la empresa, estaremos perdiendo nuestro tiempo y energía.

En la mayoría de empresas, la dirección determina los objetivos generales y los comunica a los distintos departamentos o equipos a fin de que los empleen como pautas para establecer sus propios objetivos. El proceso de determinar objetivos requiere tiempo, energía y esfuerzo. Los objetivos no son algo que garabateamos en una servilleta durante un descanso para tomar un café. Debemos planear lo que realmente queremos conseguir, determinar horarios, qué personas serán responsables de cada aspecto del trabajo y, posteriormente, anticipar y planear las soluciones a los posibles obstáculos que puedan amenazar con frustrar la consecución de nuestros objetivos.

ȣ

Un principio paradójico pero profundamente cierto e importante en la vida es que la manera más probable de alcanzar un objetivo no es centrándonos en ese objetivo sino en uno más ambicioso todavía.

Arnold Toynbee

ȣ

Igual que cuando iniciamos un plan de cambio en el trabajo, tenemos que diagnosticar el estado de la situación antes de poder determinar los objetivos de nuestro equipo. En demasiadas ocasiones, los jefes se engañan a sí mismos sobre la verdadera situación de su empresa. Por supuesto, saben cuáles son las cifras: el volumen de ventas, la cuota de mercado, la producción, las nóminas y todas las estadísticas tangibles. Pero muchas veces se engañan a sí mismos sobre aspectos tan importantes como la actitud y la moral de los trabajadores, el alcance de las habilidades de su plantilla, la voluntad de sus trabajadores para cooperar y expandirse o el compromiso de los empleados de todos los cargos con los objetivos de la empresa.

Todos tendemos a aceptar la validez de una información cuando es compatible con nuestras propias creencias. Para nosotros es la realidad. Sin embargo, en la mente de los demás, sean superiores, compañeros o personas a nuestro cargo, es posible que la información se perciba de un modo totalmente distinto.

Igual que en nuestro cuerpo, tal vez muchos problemas importantes no aparezcan en las pruebas rutinarias; es posible que en una empresa no se descubran sus afecciones sutiles e incipientes a través de los análisis tradicionales.

El responsable que da con la solución correcta para el problema equivocado es
más peligroso que el que da con la solución equivocada
para el problema correcto.

Peter Drucker

ↄ⅃

Debemos profundizar más y no confiar en nuestras suposiciones. Para eso debemos conocer a las personas con las que nos interrelacionamos: miembros de nuestro equipo, demás líderes y responsables de equipo y otras personas de dentro y fuera de la empresa. Debemos descubrir sus puntos fuertes y debilidades, su actitud respecto al trabajo, la empresa y los líderes. Algunas empresas lo consiguen mediante encuestas para conocer la actitud de sus empleados, grupos focales o por medio de un consultor especial que entreviste a los trabajadores. La «intravista» descrita en el capítulo 2 es una herramienta ponderosa para obtener esta información.

Empresas mal concebidas

Para que los equipos funcionen, es necesario modificar la tradicional estructura jerárquica de la empresa. La mayoría de empresas disponen de un diagrama que muestra la función de cada departamento en el conjunto de la empresa. Normalmente es como una pirámide, y puede que nuestro equipo esté en algún lugar cerca de la base. La función del diagrama es mostrar a los empleados de qué actividades son responsables, a quién deben informar y quién se encarga de transmitir la información. Además, permite que todos puedan ver la estructura de la empresa.

Sin embargo, aferrarse con rigidez a esta estructura puede impedir el funcionamiento en grupo. Muchas veces los grupos cruzan líneas estructurales, es decir, no encajan por completo en una casilla.

Por ejemplo, es posible que las funciones de un equipo encargado del desarrollo de productos engloben la ingeniería, la investigación y el desarrollo, el marketing y la economía. Colocarlo artificialmente bajo la supervisión de sólo uno de estos departamentos complicaría su trabajo.

Mal liderazgo

¡Échale la culpa al jefe! Y muchas veces es culpa suya. El líder del grupo es responsable del éxito del equipo. Al margen de lo competentes que puedan ser los miembros del grupo, a menos que estén guiados por un líder entendido, dedicado e inspirador, les resultará difícil lograr sus objetivos. Si el líder no lidera, el equipo no puede seguir. Peor aún, si el líder lidera mal, el equipo funcionará mal.

Observemos el caso de un líder de equipo que renunció a su función de líder. Cuando a Rick D. lo nombraron líder de un grupo de desarrollo comercial, leyó libros sobre liderazgo de grupos, asistió a seminarios y pidió consejo a otros líderes. Estaba convencido de que su equipo sería participativo y que daría a sus integrantes suficiente autonomía para que pudieran emplear sus aptitudes y crecer tomando ellos mismos las decisiones.

Cuando reunió al equipo, Rick presentó un amplio esquema del objetivo del equipo y pidió a sus miembros que determinaran lo que había que hacer y quién iba a hacerlo. Cuando un miembro tenía preguntas acerca de su función, Rick respondía: «Eso debes resolverlo tú».

Así es como funcionan teóricamente los grupos de trabajo participativos. Pero, ¿qué ocurrió? Algunos miembros seleccionaron aspectos del proyecto en los que se sentían hábiles y empezaron a trabajar con los mismos. Otros pasaron varias semanas descifrando su función; y otros empezaron a trabajar en una parte del proyecto y, más tarde, se dieron cuenta de que otra persona estaba realizando esa misma parte.

Sin alguien que liderase, reinó la confusión absoluta. El jefe de Rick no tardó mucho en advertir que el grupo no avanzaba. Cuando le preguntó al respecto, Rick respondió que le habían enseñado que dar autonomía a los miembros del grupo a largo plazo era beneficioso para todos. Lo que no había alcanzado a comprender era que un proyecto debía llevarse a cabo de forma estructurada. Si un equipo nunca ha realizado un proyecto determinado, necesita instrucciones detalladas del líder, opiniones frecuentes sobre su avance y medidas activas para seguir el ritmo del proyecto. Todo esto podría haberse logrado dentro de los parámetros de un liderazgo participativo.

Inflexibilidad con las tareas

Otro obstáculo para el éxito del grupo es una comprensión inadecuada de la descripción de una tarea. En un grupo de trabajo tradicional, los deberes y las responsabilidades de los miembros están especificados en la descripción formal del trabajo. Las descripciones del trabajo también pueden hacerse durante la configuración del grupo. Se puede ofrecer pautas a los miembros del grupo sobre el trabajo que se espera que desempeñen, aunque se supone que todos los miembros pueden hacer cualquier tarea que impulse al equipo a lograr sus objetivos.

Aun así, siempre hay trabajadores que consideran que su trabajo se limita a lo que especifica la descripción del mismo. Cuando les piden que ayuden a otros miembros o asuman cualquier tarea no especificada en la descripción del cargo, protestan que «no es su trabajo».

El concepto de «equipo» se basa en el principio de que todos sus miembros trabajan conjuntamente para conseguir los resultados deseados, lo que significa que todos los integrantes realizan cualquier tarea necesaria para cumplir con el objetivo. Eso incluye hacer tareas que no nos gustan, ayudar a los miembros más lentos a seguir el ritmo y dejar a un lado los proyectos más atractivos para que el equipo se centre en las tareas de mayor prioridad.

Falta de confianza

Toda relación, ya sea dentro o fuera del trabajo, se basa en la confianza. Si los miembros de un equipo no confían en su líder o en uno o más de sus compañeros, el equipo nunca conseguirá arrancar.

El éxito o el fracaso de un líder de grupo dependen de la confianza de su equipo. Si los demás confían en nosotros, aceptarán cualquier cosa que digamos, mientras que si no confían en nosotros, ignorarán casi todo lo que digamos.

No es difícil que una persona deje de confiar en otra. Si el líder de un grupo hace una promesa y no logra cumplirla, pierde la confianza de su gente. Cuando el miembro de un equipo oculta información necesaria de otros miembros, nadie vuelve a confiar en él.

Recuperar la confianza no es una tarea fácil. Si la falta de confianza es entre miembros de un equipo, el líder puede intervenir para paliar el problema.

Sin embargo, si el líder de un equipo ha perdido la confianza de sus miembros, necesitará realizar un esfuerzo extraordinario para volver a establecer una relación de confianza.

ꙮ

Si tratamos a una persona como si fuera lo que podría y debería ser, se convertirá en lo que podría y debería ser.

Johann Wolfgang von Goethe

ꙮ

Distribución injusta del trabajo

Sandra estaba furiosa. Una vez más, el equipo se había retrasado y eso quería decir que ella tendría que trabajar horas extra. ¿Y de quién era la culpa? Suya no. Se había desvivido por lograr que el trabajo se realizara a tiempo, pero algunos de sus compañeros de equipo, como Carl y Tricia, se habían limitado a seguir con su ritmo lento. Cuando se quejó a Chloe, la líder del grupo, ésta le dijo que lo estaban haciendo lo mejor que podían.

Es habitual que haya una distribución injusta de la carga de trabajo entre los miembros de un equipo. En realidad, algunas personas trabajan con mayor rapidez que otras, algunas son más meticulosas que otras y algunas son más creativas que otras. Podríamos argumentar que es natural que las Sandras de este mundo estén resentidas con los Carls y las Tricias que, según su opinión, no contribuyen igual a los trabajos en grupo. Este resentimiento se agrava cuando las Sandras tienen que cubrir estas deficiencias realizando horas extra.

Ningún equipo puede prosperar a menos que todos sus miembros pongan de su parte. La líder del equipo no puede aceptar la excusa de que Carl y Tricia están haciéndolo lo mejor que pueden. Tiene que identificar los motivos de su bajo rendimiento y tomar medidas para corregirlos. Quizá necesitan una formación adicional; tal vez tengan problemas personales que les impiden trabajar con normalidad.

Ausencia del sentimiento de pertenencia del propio trabajo

A los empleados que están acostumbrados a trabajar según el modelo tradicional les han enseñado a obedecer órdenes. Durante años, han estado excluidos de los procesos de toma de decisiones. Como miembros de un equipo, se sienten incómodos cuando se les pide que participen en la toma de decisiones y que asuman la pertenencia de su trabajo.

Muchas veces les han dicho que el motivo por el que los supervisores y los gerentes cobraban más que los trabajadores de base era porque tenían la responsabilidad de tomar decisiones. Ahora, como miembros de un equipo —y que no cobran más que antes— tienen esta responsabilidad. Es lógico que piensen que tomar decisiones no es tarea suya.

Alentar a los empleados a que participen en la toma de decisiones es una forma de darles poder y hacerles saber que nos importa lo que piensa.

ॐ

Si uno quiere construir un barco, en lugar de reunir personas para que recojan madera sin asignarles ninguna tarea, es mejor enseñarles a desear la infinita inmensidad del mar.

Antoine de Saint-Exupéry

ॐ

Comunicación deficiente

Otro motivo por el que los equipos no logran trabajar con eficacia es por la comunicación deficiente. Decimos una cosa y nuestro compañero oye algo bastante distinto. ¿Por qué? Podría ser por cómo lo hemos dicho o por cómo lo ha recibido nuestro compañero. Por absurdo que parezca, una comunicación deficiente es un obstáculo importante para el éxito de un equipo.

Creíamos que nuestras instrucciones habían sido claras. Pero en cuanto nos hemos ido de la sala, una compañera le ha pedido a otra que le aclarase lo que acabábamos de decir. ¿Por qué? Tal vez ha sido culpa nuestra. Quizá hemos hablado de forma ininteligible. Puede que hayamos empleado un vocabulario con el que nuestros oyentes no estaban familiarizados. Tal vez, nuestro lenguaje corporal haya transmitido un mensaje distinto al de nuestras palabras. Quizá el problema ha sido nuestra compañera, que no nos ha escuchado detenidamente o no nos ha tomado en serio.

Al expresar nuestras ideas, tanto si somos líderes de un equipo como miembros del mismo, debemos estar atentos a cómo nos entienden los demás. Conviene saber lo que piensan nuestros compañeros, pedirles su opinión sobre nuestra charla en las reuniones o, simplemente, en los debates grupales. Si estamos planificando nuestra charla, podemos ensayar delante de un espejo o grabarla en vídeo.

ର

La percepción está en la mente del perceptor. A menos que tanto el líder como el miembro de un equipo perciban igual la situación, estarán persiguiendo objetivos distintos.

Arthur R. Pell

ର

Ser un *coach*

Un buen líder es un buen *coach*. Un jefe puede decir a sus trabajadores qué hacer y cuándo hacerlo, pero sólo un buen *coach* puede motivarlos para que centren toda su atención en la tarea. Otro quizás señale los problemas, pero un *coach* está allí para ayudar a solucionar esos problemas. Muchos que ocupan cargos de liderazgo ofrecen una recompensa para que sus trabajadores le sigan, pero un *coach* motivará a cada uno de ellos para querer realizar su trabajo lo mejor posible.

Algunas personas son *coaches* por naturaleza. Sin embargo, la mayoría podemos aprender y poner en práctica las técnicas de *coaching* utilizadas por los mejores *coaches*.

Conocer a los integrantes del grupo

Cuando hagamos *coaching* con otra persona, resulta muy útil sintonizar con ella en el plano personal y llegarla a conocer mejor. Utilizando la técnica de la «intravista» descrita en el capítulo 2, podremos descubrir su situación familiar así como los puntos álgidos y los puntos más bajos que haya vivido a lo largo de su vida. También podremos descubrir cómo ha logrado sobrevivir a los puntos bajos vividos en la escuela, en sus actividades personales y, por supuesto, en su trabajo.

John Ralston, el entrenador de un equipo de fútbol americano de la National Football League, alentaba a sus entrenadores a hacer precisamente eso. Realizaban algunas preguntas sobre un jugador de camino al campo y de regreso al vestuario, y luego utilizaban sus respuestas para motivar a cada jugador de forma individual. Ganaron el Rose Bowl dos veces seguidas.

Fomentar la autoestima
Muchas veces la preparación que debemos dar a nuestro equipo consiste en disipar el miedo y fomentar la autoestima. Debemos alentar a los demás diciéndoles lo mucho que valoramos su trabajo.

Hacer preguntas ingeniosas
Greg, un director de ventas del más alto nivel, dijo: «Después de realizar llamadas comerciales con mis representantes de ventas, les pedí que me dijeran tres cosas que hubieran hecho bien durante la llamada y un aspecto que pudieran mejorar. Entonces, les sugerí cómo podían hacerlo mejor en los aspectos en los que lo habían hecho bien y cómo podían mejorar ese aspecto que necesitaba mejorar».

No evitar a quienes oponen resistencia
Un consultor en dirección de empresas acababa de ayudar a facilitar una reunión de directores que querían que su equipo funcionara con más eficiencia. El consultor dijo lo siguiente: «Observamos todos los obstáculos que impedían al equipo trabajar más unido, y entonces nos centramos en los más fáciles. Cuando llegamos al más difícil, decidimos formar un comité. Pedí que formara parte del comité la persona que más resistencia oponía a esta cuestión. No sólo sería un

firme defensor de la solución que íbamos a negociar, sino que como tenía un punto de vista distinto, podía aportar muchas ideas».

No fingir que somos perfectos

Como líderes de un equipo, hay momentos en los que debemos hacer críticas. Sin embargo, existen métodos para lograr que funcionen. Podemos entablar una buena relación, relatar cuestiones similares que hayamos experimentado y explicar cómo las hemos resuelto. A pesar de que un miembro del equipo haya fallado, debemos asegurarle una y otra vez que no es una mala persona.

Creer en lo que hacemos

El *coaching* es una tarea difícil. Rara vez está en primer plano. Sin embargo, si somos buenos *coaches*, podremos lograr que nuestro equipo realice maravillas al tiempo que sus integrantes consiguen esa sensación de cumplimiento que tanto necesitan.

Algunas de las técnicas adicionales que mejorarán nuestro *coaching* son:

- El elogio y el reconocimiento.
- Técnicas de retroalimentación positiva.
- Reconocer los puntos fuertes y los logros de los demás.
- Debatir cuestiones sobre la valoración.
- Debatir cuestiones sobre el rendimiento.
- Debatir asuntos relativos a las relaciones interpersonales.
- Asesoramiento.
- Retroalimentación.
- Participación en la elaboración de las políticas de la empresa.
- Asignación de tareas y proyectos especiales.
- Seminarios sobre gestión.
- Cursos de formación especializada.

- Discusiones sobre estudios de casos.
- Asistencia a conferencias y reuniones sobre cuestiones técnicas o de gestión.
- Cursos de formación en administración general (ejecutiva).

Alentar al equipo a iniciar el cambio

Un equipo activo siempre debería estar atento a fin de determinar cuándo y dónde realizar cambios y buscar la oportunidad para mejorar la situación presente.

Hay cinco maneras para poder identificar nuevas oportunidades:

1. Los miembros del equipo identifican una oportunidad para sí mismos.
2. Los miembros del equipo identifican una oportunidad para otro.
3. Un cliente, vendedor o persona externa identifica una oportunidad.
4. El líder del equipo identifica nuevas habilidades necesarias en el equipo.
5. Una situación crea una oportunidad.

Estas distintas oportunidades pueden surgir debido a una nueva necesidad, al hecho de que un nuevo trabajo o proyecto requiera de una nueva habilidad, en el curso de una evaluación del rendimiento, después de un error o en relación con algún otro aspecto.

En cuanto hayamos identificado la oportunidad, es importante disponer de un tiempo para precisar cómo será la situación cuando llenemos ese vacío. Es un paso que muchas personas se saltan o no desarrollan lo suficiente y que puede causar confusión, malentendidos y frustración en todos los implicados.

Uno de los conceptos más importantes cuando enseñamos a los miembros de un equipo a aprovechar estas oportunidades y tomar las medidas necesarias para iniciar un cambio es tener una idea u objetivo en mente. Sin una buena preparación, la gente a menudo pierde de vista la importancia de realizar los cambios necesarios. Aquellos que tienen una idea clara del resultado final de dicha preparación tienden a ir en esa dirección más rápidamente que aquellos que no tienen una idea clara. Sin embargo, es esencial que tanto el *coach* como el aprendiz sean dueños del objetivo. Sin ese sentimiento de propiedad, pueden perder la motivación. En la siguiente etapa del proceso nos centramos todavía más en la motivación y el compromiso con la decisión, pero aquí es donde realmente se originan la dirección y la motivación.

ೞ

Alienta a los demás. Haz que el error parezca fácil de corregir.

Dale Carnegie

ೞ

A fin de que el proceso de *coaching* sea fructífero, es importante que estén disponibles los recursos adecuados, como tiempo, dinero, material, formación, información y, el más importante, el compromiso individual por el éxito de todos los implicados. Para ello es esencial el compromiso con la decisión y el apoyo de los máximos directivos.

El líder del equipo debe asegurarse de que están disponibles los recursos apropiados. Nada es más frustrante que alguien te prometa algo y luego no se cumpla; la gente puede sentirse engañada.

En cuanto los recursos están disponibles y se ha identificado, explicado y demostrado el conjunto adecuado de habilidades, es hora de que los miembros del equipo practiquen lo que han aprendido. A fin de que un conocimiento se traduzca en una habilidad, debemos practicar y perfeccionar esa habilidad utilizando las mejores técnicas de *coaching* para asegurarnos de que estamos poniendo en práctica la nueva habilidad y no el viejo hábito.

La práctica también le permite al *coach* identificar los puntos fuertes y las oportunidades para mejorar. He aquí algunos de los aspectos a considerar:

- Cómo alentar a los demás para alcanzar el éxito.
- Cuán de cerca controlar a los demás y cuándo dejar de hacerlo.
- Rendir cuentas a los demás acerca de su progreso.

Una cosa es progresar, pero si no reforzamos ese progreso y lo mantenemos, las personas rápidamente vuelven a hacer las cosas como solían hacerlas antes. Una de las mayores falacias a las que se atienen los gerentes es la suposición de que si una persona sabe hacer algo, lo hará. Las personas no hacen lo que saben hacer, hacen lo que siempre han hecho.

Algunas de las habilidades que debemos utilizar en *coaching* para reforzar son:

- Investir de poder a los demás para que consigan resultados después de haber aprendido nuevas habilidades.
- Dar la propia opinión de manera adecuada.
- Realizar un seguimiento con los miembros del equipo.
- Abordar asuntos que no tengan que ver con el rendimiento.
- Encargarnos de los errores y de las personas que se han quedado atrás.

Una de las mejores formas de consolidar el crecimiento y el progreso es premiándolo. Aquello que premiamos tiende a repetirse, y lo que se repite se convierte en un hábito.

Los cambios son incómodos. Por eso muchas veces volvemos rápidamente a nuestra antigua forma de hacer las cosas si no hay refuerzos ni recompensas. El hábito es más poderoso que el conocimiento. Para asegurarnos de que el cambio se produce rápidamente y se mantiene el tiempo necesario, es importante celebrarlo y premiarlo. Aclamar el éxito de los miembros del equipo es una forma excelente de alentarlos para que permanezcan seguros durante el cambio o los cambios que se hayan llevado a cabo y para que tomen las riendas cuando sea el momento de generar nuevas ideas y correr riesgos.

ભ

El compromiso individual con el esfuerzo grupal es lo que hace que funcione un grupo, una empresa, una sociedad y una civilización.

Vince Lombardi

ભ

Resumen

- Una forma de contribuir a nuestro equipo durante el cambio es manteniendo una actitud positiva y centrada. Este enfoque nos mantendrá concentrados en el éxito del equipo.
- En lugar de creernos simples supervivientes de los cambios, es mejor que seamos ambiciosos e imaginemos que los cambios en el trabajo son trampolines que nos lanzan a un mayor éxito tanto individual como colectivo.
- El trabajo en equipo se fundamenta en las relaciones. Para que el grupo afronte el cambio con eficacia, las relaciones entre sus miembros deben basarse en la confianza, el apoyo y el respeto.
- De todas las habilidades comunicativas necesarias para participar en grupos eficaces, saber escuchar es la más importante. Los períodos de cambio dejan a la gente con preguntas, observaciones y opiniones que necesitan ser escuchadas en el seno del grupo. Todo el equipo se beneficia cuando los miembros creen que los demás les están escuchando.
- Antes de poder determinar los objetivos de nuestro equipo, tenemos que hacer un diagnóstico de la situación actual. Con

demasiada frecuencia los jefes se engañan a sí mismos sobre la verdadera situación de su empresa.

- El líder del equipo es el responsable del éxito del equipo. Al margen de lo competentes que puedan ser los miembros del equipo, a menos que estén guiados por un líder entendido, dedicado e inspirador, les resultará difícil lograr sus objetivos.

- El concepto de «equipo» se basa en el principio de que todos sus miembros trabajan conjuntamente para conseguir los resultados deseados, lo que significa que todos los integrantes realizan cualquier tarea necesaria para cumplir con el objetivo.

- El éxito o el fracaso del líder de un equipo depende de la confianza que tenga en él su equipo. Si las personas confían en nosotros, aceptarán cualquier cosa que digamos, mientras que si no confían en nosotros, ignorarán buena parte de lo que digamos.

- Tanto si somos líderes de un equipo como miembros del mismo que estamos expresando nuestro punto de vista, debemos estar atentos a cómo nos perciben los demás. Una forma de conseguirlo es pidiendo inmediatamente la opinión de nuestros compañeros.

- Cuando realizamos un cambio, uno de los métodos más importantes para garantizar el éxito consiste en preparar a los miembros del equipo para que aprovechen las nuevas oportunidades y tomen las medidas necesarias para iniciar un cambio. Sin una buena preparación, las personas a menudo pierden de vista la importancia de realizar los cambios necesarios.

- A fin de que el proceso de *coaching* sea fructífero, es importante que estén disponibles los recursos adecuados, como tiempo, dinero, material, formación, información y, el más importante, el compromiso individual por el éxito de todos los implicados.

- Los directivos deberían alentar a todos los miembros del equipo a tomar medidas para mejorar sus puntos fuertes y superar sus limitaciones. En consecuencia, tendrán más confianza en sí mismos, lo que a su vez facilitará la innovación y la aceptación del cambio.

6

Reducir el estrés
durante los períodos de cambios

En el capítulo 3 hemos aprendido cómo adaptarnos a los cambios en el trabajo. Muchas personas padecen estrés durante los períodos de cambios. Si también es nuestro caso, a continuación, figuran algunas medidas que podemos tomar para mitigar el estrés y afrontar los cambios.

En este capítulo veremos algunos de los factores que contribuyen al estrés y cómo podemos cambiar nuestro enfoque de la situación para reducir la preocupación y el estrés.

¿Qué es el estrés?

Según el Instituto Americano del Estrés, no existe una definición consensuada del estrés. Puesto que no hay un acuerdo acerca de lo que es exactamente el estrés, resulta difícil medirlo.

A pesar de que todos tenemos ideas distintas respecto a nuestro concepto del estrés, una definición común es: «una tensión física, mental o emocional». Otra definición popular es: «el estado o sensación que experimenta una persona cuando percibe que las demandas superan los recursos individuales y sociales que una persona es capaz de movilizar». La mayoría de personas consideran que el estrés causa angustia. Sin embargo, un aumento del estrés muchas veces incrementa la productividad, de modo que no siempre es una experiencia negativa. Una definición del estrés también debería abarcar este «estrés saludable» ignorado con tanta frecuencia.

Hans Selye, una de las primeras autoridades sobre el estrés, utilizó el término *eustrés* para referirse al estrés «saludable», como el que permite ganar una carrera o unas elecciones. Lograr un objetivo puede ser tan estresante como no lograrlo. Llevar a cabo una charla exitosa frente a la directiva puede ser tan estresante como el hecho de que nos rechacen una idea. Cualquier definición del estrés debería incluir tanto el *eustrés* como el estrés negativo.

Los aspectos del estrés en los que tiende a centrarse la mayoría son las sensaciones y emociones negativas que provoca. Casi toda descripción del estrés también engloba ciertas respuestas físicas, psicológicas o bioquímicas que se experimentan u observan.

En la mayoría de trabajos hay períodos de estrés de vez en cuando. El estrés puede originarse a raíz de los esfuerzos por cumplir con los plazos de entrega, por avanzar, por complacer a un jefe exigente o por otros avatares del trabajo. Durante los períodos de cambios en algunos aspectos de nuestro trabajo, la mayoría sentimos un estrés *añadido*.

Afrontar el estrés

¿Qué es lo más útil cuando nos sentimos abrumados a causa del estrés? Como hemos explicado antes, el estrés no es necesariamente negativo, sino que con frecuencia nos motiva para alcanzar logros que nos parecían imposibles. Sin embargo, cuando el estrés se vuelve demasiado grande como para poder soportarlo, puede causar problemas físicos y psicológicos.

ca

La adopción de la actitud correcta puede convertir el estrés negativo en positivo.

Hans Selye

ca

Por suerte, podemos afrontar las situaciones más estresantes si ponemos en práctica uno o más de los elementos reductores del estrés enumerados a continuación:

- Conciencia de uno mismo.
- Atención tierna y afectuosa.
- Relajación.
- Ejercicio.
- Sentido del humor.
- Búsqueda de la ayuda de los demás.

Conciencia de uno mismo

El carácter de Ben le había causado innumerables problemas a lo largo de su vida. Tenía muy mal genio y, siempre que estaba mínimamente estresado, gritaba a cualquiera que estuviera cerca de él. De este modo aliviaba inmediatamente la tensión que sentía, aunque provocaba tensión en quienes le rodeaban.

Cuando el jefe de Ben le advirtió de que su futuro en la empresa corría peligro si no lograba controlar su mal genio, comprendió que necesitaba conocer mejor sus arranques de ira. Ben decidió probar un experimento consigo mismo: durante la semana siguiente, siempre que sus hijos empezaran a pelearse, no acabaría con la pelea con palabras airadas, sino que se tranquilizaría y, con un tono de voz normal, pediría a sus hijos que dejaran la pelea. Descubrió que lo que él consideraba que le aliviaba el estrés –despotricar y maldecir a los demás para expulsar el estrés de su organismo– no sólo le creaba problemas con los demás, sino que en realidad agravaba su propio estrés. Esta toma de conciencia hizo que Ben centrase sus esfuerzos en contener sus arrebatos emocionales.

Ben convirtió en un juego ese nuevo comportamiento y logró resistir a sus arranques de ira. No sólo redujo sus berrinches, sino que consiguió aceptar de buena gana los aspectos que habían provocado sus arranques de ira y reducir el estrés de su trabajo.

ﻌ

El estrés no es lo que nos ocurre; es nuestra respuesta a lo que ocurre. Y nuestra respuesta es algo que podemos elegir.

Maureen Killoran

ﻌ

Atención tierna y afectuosa

Cuidar de uno mismo es importante para gozar de buena salud, y las personas que gozan de buena salud tienen menos probabilidades de estresarse. Beverly tenía sobrepeso, la tensión arterial ligeramente alta y siempre parecía estar tensa. Todo la irritaba y tenía frecuentes dolores de cabeza y otros problemas físicos. Siempre parecía descuidada y apenas prestaba atención a su ropa y su aspecto. Atribuía sus problemas de salud y el descuido de su aspecto a las presiones de su trabajo. Su médico la convenció de que precisamente era al contrario: el poco cuidado que se prestaba a sí misma era en responsable de sus tensiones en el trabajo. Accedió a ponerse a dieta a fin de perder peso y disminuir la tensión sanguínea. El resultado fue que perdió peso, se sintió más saludable y empezó a interesarse más por su aspecto. Se animó a cambiar de peinado y compró ropa nueva. Al tratarse con ternura y afecto, Bevery dejó de experimentar tanta tensión y pudo abordar muchos aspectos de su trabajo que antes la estresaban.

Relajación

La mayoría de expertos en estrés coinciden en que cuando uno está estresado, la relajación es la terapia inmediata más eficaz. La forma de relajación depende de las circunstancias en que se da el estrés, de modo que existen distintos métodos de relajación adecuados para cada individuo y situación.

Cuando preguntamos a un grupo de hombres y mujeres sobre sus métodos de relajación, algunas de sus respuestas fueron las siguientes:

- Mirar escaparates.
- Ejercicios de yoga.
- Meditación.
- Ejercicios de respiración profunda.
- Salir al exterior a tomar el aire.
- Ocuparse de otra tarea durante un rato.

Todos deberíamos idear varias actividades de relajación que podamos realizar adecuadamente en el trabajo. Incluso unos pocos momentos relajantes pueden reducir el estrés y permitirnos retomar nuestra tarea con la mente fresca y lista para abordarla.

Ejercicio

El ejercicio ayuda a liberar la tensión y a mejorar el estado de ánimo. Steve, el gestor de activos de una firma de inversiones, tenía que tomar decisiones cada día que podían suponer la ganancia o la pérdida de millones de dólares para su empresa. Cuando llegaba a casa después del trabajo, estaba tan estresado que gritaba a sus hijos y reñía con su mujer. Llegó al punto de que sus hijos se escondían nada más oír que su coche se acercaba a la entrada. Por consejo de un asesor, se apuntó a un gimnasio y, en lugar de ir directamente a casa después de trabajar, ahora juega a raquetbol, un deporte agotador. Cuando llega a casa toda la tensión ha desaparecido de su organismo y ha podido restablecer una vida familiar saludable.

Sentido del humor

Cuando las tensiones pueden con nosotros, es difícil encontrar la gracia a ninguna situación. Sin embargo, cuando pensamos en aquellas cosas que nos han provocado estrés en algún momento del pasado, muchas veces nos reímos de las mismas.

El jefe de Karen acababa de regañarla. Sin duda, no había entendido bien sus instrucciones y había cometido un grave error en el proyecto, pero él debería admitir que si sus instrucciones hubieran sido más claras, nada de eso habría ocurrido. Al principio se había sentido tensa, desgraciada e injustamente tratada. Sin embargo, en lugar de permitir que esas sensaciones negativas dominaran el resto del día, se había recordado a sí misma que su jefe muchas veces reaccionaba de forma exagerada y que sus arranques de ira eran problema de él, no de ella. «¿Acaso no parecía tonto con el rostro tan rojo?», pensó, y acto seguido se echó a reír. El estrés comenzó a desaparecer mientras abordaba la tarea de corregir el proyecto.

Búsqueda de la ayuda de los demás

A veces el estrés es tan abrumador que no podemos afrontarlo solos. Podemos recurrir a la ayuda de asesores profesionales, cleros y especialistas en determinadas áreas. Cuando el marido de Judith murió, estaba tan consternada que era incapaz de trabajar. Por suerte, tuvo la buena idea de pedir ayuda a un terapeuta especialista en el proceso de duelo, que la ayudó a afrontar la situación. Al margen del «tamaño» de nuestro problema (desde la pérdida de un ser querido hasta la percepción de que un amigo nos desprecia), deberíamos considerar la idea de consultar con un asesor profesional siempre que el estrés sea demasiado difícil de soportar.

Controlar nuestra actitud para reducir el estrés

Muchas veces nuestra actitud hacia la situación o los cambios que se están implementando provoca o incrementa el estrés que sentimos. Tal vez, estemos preocupados por si tenemos las habilidades necesarias para desempeñar cierta tarea y por la posibilidad de cometer graves errores. En los seminarios de Dale Carnegie, los participantes aprenden algunos métodos para superar estas preocupaciones:

Centrarse en el presente

No debemos preocuparnos por el pasado ni centrarnos en el futuro. No podemos cambiar el pasado ni lo que otros piensan —o dicen— de nosotros debido a los errores que hemos cometido en el pasado. Debemos perdonarnos y atender todo asunto que necesite de nuestra atención ahora.

Buena parte del estrés que sentimos en el trabajo se debe a nuestra preocupación por situaciones que ya han ocurrido o al temor por lo que pueda suceder en el futuro. Una parte relativamente mínima de nuestro estrés cotidiano en el trabajo proviene de las actividades que llevamos a cabo en el momento. Igual que un barco tiene compartimentos que se pueden cerrar herméticamente para evitar que el agua de un compartimento inunde otro, nosotros también debemos sellar nuestro pasado y futuro. Alcanzaremos más logros hoy si nos concentramos en los problemas actuales que si rumiamos sobre el pasado o nos preocupamos por el futuro. Carnegie señaló que el 90 % de nuestras preocupaciones eran sobre situaciones que ya habían ocurrido o que podrían o no ocurrir en el futuro.

Tal y como advirtió Carnegie: «Debemos estar contentos de vivir en el único momento en que podemos vivir: el presente». En realidad, buena parte de nuestras preocupaciones diarias son a causa de un temor irracional a resultados que no es probable que ocurran. Si no hay probabilidades de que tenga lugar el resultado que tememos, deberíamos hacernos el favor de dejar nuestra preocupación a un lado y seguir adelante. Dale Carnegie se refería a este principio con el nombre de «emitir una orden de *stop-loss*» a una situación estresante, igual que haría un inversor con una compra de acciones. Sin lugar a dudas, hallaremos contratiempos de vez en cuando, pero cuando eso pase, debemos limitar nuestras pérdidas y seguir adelante.

Ser lo mejor que podamos ser

Muchas veces cuando nos sentimos inseguros empezamos a imitar el comportamiento de otros. Muy a menudo, se trata del principio de un conjunto de situaciones que finalmente se tornan destructivas. No podemos ser otra persona. No podemos relacionarnos con nuestro jefe igual que con otro compañero de trabajo. No podemos conseguir una venta igual que la que logró nuestro jefe el año pasado. En lugar de eso, cuando pensemos en cómo abordar una nueva situación, es mejor que recurramos a nuestros propios instintos. Sin duda, debemos escuchar los consejos que nos den, pero no sin antes darles una forma que sea útil para nosotros. Deberíamos lucirnos siendo lo mejor que podamos sin dejar de ser nosotros mismos.

Conviene que analicemos nuestros errores y nos critiquemos de manera constructiva. Podemos tratar de descubrir por qué hemos podido cometer ciertos errores y elaborar un plan para solventarlos. A fin de reducir el estrés, deberíamos comprobar la calidad de nuestra vida. No *tenemos* por qué escalar a la cima de todas las montañas. Si no queremos un trabajo muy estresante, deberíamos permitirnos buscar un puesto menos exigente.

Ser realistas con nuestra carga de trabajo

Asumir más trabajo del que podemos desempeñar es una forma infalible de aumentar nuestro estrés. Si sentimos que nuestro jefe requiere más de lo factible, debemos hablar del problema y tratar de hallar una solución equitativa.

Contar nuestras bendiciones

Siempre es aconsejable contar nuestras bendiciones y no nuestros problemas. En un mundo atestado de guerras, hambre, enfermedades y desastres naturales, fracasar en el trabajo no es lo peor que podría ocurrirnos. Deberíamos llevar una lista de todas nuestras bendiciones en la cartera o el monedero. En ella debemos incluir: familia, amigos, salud, aptitudes y aspectos similares. Así, cuando nos sintamos estresados o pensemos que hemos fracasado, podemos sacarla y estar agradecidos de poder gozar de todos los obsequios y las ventajas que tenemos. Hemos vivido el éxito numerosas veces en el pasado. No vamos a sentirnos mejor si dedicamos demasiada energía a aquello que nos fue mal o a aquello que no tenemos.

Apreciar a los demás

Podemos reducir el estrés que sentimos simplemente dejando de prestarnos atención. Cuando nos sintamos abrumados en el trabajo, podemos detenernos y apreciar a nuestros compañeros. Por mucho que a veces nos sintamos así, no nos gustaría que los demás fuesen como nosotros. Sería aburrido. Nuestra formación, perspectivas y estilos de trabajo distintos hacen que nuestra oficina sea un lugar más interesante y vibrante, no al contrario. Debemos esforzarnos por apreciar las fortalezas únicas de los demás. En los capítulos 7 y 8 hablaremos más sobre esta cuestión.

Tener buenos hábitos de trabajo

Tener buenos hábitos de trabajo nos mantiene centrados en las cuestiones que requieren nuestra atención. Debemos despejar nuestro escritorio de todos los papeles excepto de aquellos que se relacionen con el asunto que tenemos entre manos. Cada mañana deberíamos elaborar una lista, dando prioridad a las actividades del día de manera que las primeras en terminar sean las tareas más importantes.

Cuando surja un problema, debemos solucionarlo inmediatamente si es posible. Si no disponemos de todos los datos necesarios para tomar una decisión, debemos decidir si aparcamos la decisión hasta reunir todos los datos o delegamos en alguien la tarea de recabar la información.

Este principio señala otro hábito de trabajo productivo. En lugar de aplazar decisiones y acciones, es mejor zambullirse y comenzar a producir resultados positivos. Cuando seguimos adelante y nos mantenemos ocupados de un modo constructivo, sentimos que avanzamos más y que realizamos progresos fructíferos.

Cuando afrontamos desafíos en nuestra vida profesional es fácil que nos estanquemos en pequeños detalles. A fin de evitarlo, conviene que nos centremos en el todo y que dejemos a un lado las nimiedades.

Estar ocupados no siempre significa trabajar de verdad.
El objetivo de toda labor es la producción y la consecución y, para cualquiera
de estos dos fines, es necesaria una reflexión previa, un método, una
planificación, inteligencia y un propósito honesto, así como también sudor.
Parecer que se hace no es hacer.

Thomas Alva Edison

Delegar

Muchos trabajadores suelen caer en la trampa de hacer ellos mismos el trabajo cuando les falta personal. Sin embargo, es nuestra tarea asegurar que se realice el trabajo, pero no asumir nosotros todas las tareas. Debemos buscar las tareas que podemos compartir fácilmente con los demás y, si se adecua, delegarlas en otros trabajadores.

Seguir la corriente

Al margen de lo mucho que nos hayamos preparado y de lo detallado que sea nuestro plan, es inevitable que se produzcan errores, que no alcancemos todos los objetivos o que los demás no estén a la altura de nuestras expectativas. Perder el control de nuestras emociones por estos sucesos inevitables sólo hace que empeorar las cosas. El hábito de trabajo más productivo es el de «seguir la corriente» y cooperar con la situación.

Dejar el trabajo en la oficina

Al principio de este capítulo hemos hablado de distintas maneras de conseguir relajarnos durante la jornada laboral. También debemos aprender a relajarnos en casa. Aunque nuestro trabajo es importante, también lo es nuestra salud y vida familiar. No podemos ser efectivos en el trabajo y en nuestra vida privada si nos sentimos abrumados. Una buena práctica consiste en reservar un tiempo para estar con nuestra familia. Al margen de los problemas del trabajo, el tiempo con nuestra familia es prioritario.

Solucionar los problemas para reducir el estrés

Cuando surge un problema en el trabajo con frecuencia sentimos que crece nuestro nivel de estrés. Si nos disponemos deliberadamente a solucionar el problema, podremos abordar el asunto que tenemos ante nosotros y, a la vez, mantener el estrés bajo control. Dale Carnegie sugiere este enfoque de tres pasos para afrontar los problemas que surgen en el trabajo:

- Recabar toda la información.
- Sopesar la información y tomar una decisión.
- Actuar en cuanto se alcanza una decisión.

Estos tres principios se conectan para formar un enfoque exhaustivo y organizado con el fin de afrontar las situaciones problemáticas. Recabar toda la información antes de saltar a las conclusiones nos dará una base más sólida para tomar decisiones. Realizar un análisis detallado y sopesar la información nos proporcionará decisiones más fiables y pasar a la acción antes que tarde nos permitirá seguir avanzando.

ಬ

Los problemas sólo son oportunidades disfrazadas con ropa de trabajo.

Henry Kaiser

ಬ

La solución de problemas es una parte importante de la mayoría de trabajos de dirección. Los supervisores deben abordar problemas relativos al funcionamiento, la producción, la calidad, el personal y algunas veces las finanzas y el marketing. Es habitual que los directivos aborden estos problemas del mismo modo que lo han hecho anteriormente. Si han desempeñado este tipo de trabajo durante cierto tiempo, es probable que les hayan surgido problemas similares con anterioridad. Si el método que aplican para solucionarlos ya les ha funcionado antes, es bastante probable que les vuelva a funcionar.

Por desgracia, las soluciones utilizadas con anterioridad no siempre tienen el mismo resultado positivo. A pesar de que el problema parezca ser el mismo de antes, puede que las circunstancias sean algo distintas. A fin de evitar esta situación, debemos asegurarnos de saber cuál es el verdadero problema antes de intentar abordarlo.

Recabar toda la información

Un importante fabricante de frigoríficos había perdido una parte significativa de su cuota de mercado a causa de una empresa de la competencia. Cuando en otras ocasiones había disminuido la cuota de mercado, el motivo había sido que la empresa de la competencia había hecho más publicidad, de modo que para afrontar el problema, el fabricante también había hecho más publicidad. Guiándose de esta experiencia, los empleados idearon una buena campaña publicitaria para solucionar la pérdida de ventas. Para su sorpresa, la publicidad no sirvió de nada; en realidad, la cuota de mercado siguió decreciendo.

Un análisis más detallado mostró que en esta ocasión la competencia no había hecho ninguna campaña publicitaria fuera de lo común, sino que había aumentado el margen de beneficio de los minoristas, de manera que tenían más incentivos para promocionar el producto incluso aunque los clientes entraran en la tienda a causa del aumento en publicidad del fabricante. Habían abordado mal el problema. Conviene analizar bien el problema porque es posible que no sea lo que parece.

Con frecuencia cuando buscamos la causa de un problema, sólo vemos la punta del iceberg. El problema es mucho más profundo. Tenemos un sarpullido que pica. El dermatólogo nos receta un bálsamo y nos lo aplicamos. El picor remite y el sarpullido desaparece. Creemos que hemos solucionado el problema. Sin embargo, dos semanas después, aparece de nuevo. ¿Qué ha pasado? El médico ha tratado el síntoma, el sarpullido. En realidad, el sarpullido era un verdadero problema para nosotros, pero no era la verdadera causa del problema, que podría haber sido una alergia u otra situación médica. A fin de hallar la verdadera causa o causas de los problemas en nuestro trabajo, debemos buscar los hechos críticos a partir de los cuales han surgido. Para ello es necesario realizar un estudio profundo y un análisis detallado.

સ

He aprendido que el éxito debe medirse no tanto por la posición que uno ha alcanzado en la vida sino por los obstáculos que ha superado mientras intentaba lograr el éxito.

Booker T. Washington

સ

Normalmente, cuando afrontamos un problema, es posible que pensemos en una solución inmediata y nos apresuremos a hacerla efectiva. Sólo porque se nos ocurra inmediatamente una posible solución no significa que sea la mejor opción. Es mucho mejor considerar una variedad de posibles soluciones antes de decantarnos por una.

Conviene tener la mente abierta y pedir sugerencias a las personas más próximas al problema, especialmente a los miembros de nuestra plantilla que están implicados en la situación y que participarán en la implementación de las medidas que tomemos. Debemos recurrir a los expertos de la empresa (o de fuera de la empresa, si correspon-de) para beneficiarnos de su experiencia y conocimiento. También debemos ser creativos; con frecuencia somos más creativos de lo que creemos. Si utilizamos este poder muchas veces oculto en nuestro interior, podremos descubrir conceptos innovadores que tal vez so-lucionen nuestros problemas.

Sopesar la información y tomar una decisión

En cuanto hemos ideado varias alternativas, debemos sopesar toda la información y decidir cuál es la mejor solución. Para ello es nece-sario que examinemos el problema y resolvamos qué debe lograr la solución elegida si nuestro objetivo es solucionar el problema.

Debemos enumerar aquellos aspectos que sean absolutamente esenciales para la solución, entre los cuales se pueden incluir el coste máximo, las limitaciones temporales, el uso de personal y el uso de otros recursos. También conviene que enumeremos aquellos aspec-tos que no son esenciales, pero que mejorarían la solución elegida.

Cuando los peluqueros de New Wave estaban buscando una nue-va ubicación, enumeraron varios factores esenciales para la nueva sede de la empresa:

- La nueva ubicación debía estar en un centro comercial con gran actividad.
- No debía tener menos de 650 metros cuadrados.
- El alquiler mensual no debía sobrepasar los «x» dólares.
- El espacio debía estar disponible dentro de los seis meses siguientes.

Otros aspectos no esenciales pero preferibles eran los siguientes:
- Que el local tuviera 800 metros cuadrados por el mismo precio de alquiler.
- Que el propietario pagara los costes de la pintura.
- Que no hubiera otra peluquería en el centro comercial.

- Que hubiera algunas *boutiques* de alta costura en el centro comercial.

Los peluqueros de New Wave no deberían siquiera considerar un local que no cumpliera todos los aspectos esenciales. Entonces, al sopesar los distintos aspectos preferibles, los propietarios podrían determinar cuál era el mejor acuerdo para ellos.

Actuar en cuanto se alcanza una decisión

En cuanto tomamos una decisión, debemos hacerla efectiva. Deberíamos asignar una tarea a cada persona que participe en la implementación de la solución, reunir todos los recursos y pasar a la acción. Como supervisores, deberíamos encabezar la situación. Si hay empleados que no se muestran entusiastas con la solución, deberíamos señalarles las ventajas. También conviene que estemos disponibles para ayudar a todos a comprender lo que hay que hacer y demostrárselo cuando sea necesario.

Hay momentos en los que el tipo de problema requiere de una solución con la que la empresa debe comprometerse durante un período prolongado (por ejemplo, trasladarse a un nuevo local). Si la solución elegida no funciona, poco podemos hacer para salvar la situación. Por consiguiente, en estas situaciones, debemos llevar a cabo un análisis del problema con la máxima destreza. Por suerte, la mayoría de problemas que afrontan los supervisores no tienen repercusiones irreversibles y pueden modificarse cuando no funcionan.

Cuando hagamos efectiva una solución así, debemos preguntarnos: «¿Cuánto tiempo será necesario para determinar si la solución funciona?». A continuación, debemos establecer un calendario de seguimiento. Cuando sea el momento, debemos evaluar lo que ha sucedido y, si no se ha solucionado el problema, abandonar esa opción y seleccionar otra de las alternativas. No hay motivo para aferrarnos a una solución que no es eficaz cuando hay otras opciones disponibles.

Controlar nuestro tiempo para reducir el estrés

Cuando preguntamos a la gente qué le provoca estrés, una de las primeras respuestas es la falta de tiempo para terminar las tareas. Un manejo prudente de nuestro tiempo puede minimizar este problema y permitirnos ser (y quizás igual de importante, permitirnos sentir) más productivos.

ભ

El tiempo es lo que más queremos pero lo que peor utilizamos.

William Penn

ભ

Habíamos planeado detenidamente y programado con precisión nuestras tareas del día. Ahora el día ha terminado y sólo hemos logrado hacer una fracción de lo que habíamos planeado. ¿Dónde ha ido a parar el tiempo?

Es probable que hayamos contemplado los proyectos en nuestro calendario con toda la intención de terminarlos, y que en cuanto hemos empezado nos hayan alcanzado una o más de esas plagas que nos roban el tiempo. Existen numerosos ladrones de tiempo, muchos de los cuales adoptan la forma de interrupciones. A continuación, vamos a analizar algunas de las plagas más comunes y qué podemos hacer para minimizar sus efectos.

Nuestro ordenador

Si trabajamos en una oficina, sin lugar a dudas, tenemos un ordenador frente a nosotros todo el día, lo que quiere decir que siempre recibimos correos electrónicos y tenemos acceso a Internet y a todas las redes sociales a las que pertenecemos. Ciertamente, este volumen de entradas y distracciones puede hacer de madrigueras de nuestro valioso tiempo (por supuesto, nuestros empleadores preferirían que no dedicáramos nuestro tiempo en el trabajo a comprar por Internet y a revisar nuestros mensajes de correo electrónico y página de Facebook. Si *tenemos* que hacerlo, deberíamos habituarnos a hacerlo durante el rato de descanso).

Hoy en día en muchos trabajos casi toda forma de diálogo se establece por medio de la red de ordenadores de la empresa. Interrumpir constantemente nuestro trabajo para leer correos electrónicos y similares hace que perdamos mucha productividad, tanto en el tiempo que gastamos por la interrupción como el que invertimos en volver a centrarnos en la tarea interrumpida.

Recomendamos leer los correos electrónicos y mensajes instantáneos a intervalos regulares y programados en lugar de cambiar de una tarea a otra constantemente. No sólo lograremos hacer más trabajo (y disminuir el estrés), sino que también asumiremos el control de la forma en que invertimos nuestro tiempo. Muchos consideran que estar en una situación reactiva en el trabajo (donde debemos responder con coherencia a necesidades, como un representante de servicio al cliente) es más estresante que estar en una situación proactiva (donde determinamos qué haremos y cuándo lo haremos). Si nuestro correo electrónico emite un sonido siempre que recibimos un nuevo mensaje, es mejor que un miembro del personal de soporte técnico nos ayude a silenciar ese aviso. Algo tan fácil como dedicar un tiempo a leer y responder a los mensajes del trabajo puede eliminar en gran medida el estrés que experimentamos durante la jornada laboral.

El teléfono

Estamos sentados en nuestro escritorio sumamente absortos en nuestro trabajo cuando suena el teléfono. Es un compañero de la empresa con una pregunta sobre el trabajo. Sin embargo, ¿este compañero habla directamente sobre el trabajo? Normalmente no. Hablará sobre el clima, sobre lo que ha hecho el fin de semana o sobre sus planes de vacaciones antes de comenzar a hablar del trabajo. Aunque el teléfono se utiliza menos que antes (por lo menos para realizar llamadas), éstas pueden quitarnos una cantidad innecesaria de tiempo. El tiempo que dedicamos a la mayoría de llamadas de trabajo podría reducirse significativamente si nos concentráramos sólo en la tarea que tenemos entre manos. Sin embargo, eliminar toda la cháchara personal también tendría efectos negativos. Una breve conversación social facilita la relación entre personas y ayuda a desarrollar un entorno de trabajo más agradable, que resulta en una mayor cooperación y trabajo en equipo. Podemos ser socialmente correctos y al mismo tiempo conseguir que la llamada sea breve. Si quien nos llama insiste en mantener conversaciones largas y no relacionadas con el trabajo, podemos decirle educadamente: «Me encantaría saber más sobre esta fiesta, pero tengo que entregar una cosa», y luego abordar el tema de la conversación relacionada con el trabajo.

Cuando realizamos una llamada, uno de los principales aspectos que nos roba el tiempo es la espera cuando la persona a la que llamamos está atendiendo otra llamada. A menos que sea un asunto urgente, conviene que le dejemos un mensaje en el contestador en el que mencionemos brevemente el asunto y le propongamos que nos devuelva la llamada, envíe un correo electrónico o nos visite personalmente.

Si creemos que es importante esperar, deberíamos emplear estos dos, tres, cinco o más minutos de una forma constructiva. Podríamos terminar bastante trabajo mientras esperamos. Tareas de administración, de documentación o leer el correo o el correo electrónico son algunas de las tareas que podemos hacer mientras esperamos. Para una persona que realiza *numerosas* llamadas al día, un uso constructivo de sólo tres minutos del tiempo de espera sobre diez llamadas añade media hora al día de tiempo productivo.

Visitas

Levantamos la vista del escritorio y en nuestra puerta está el locuaz de Lou. Sin embargo, no tenemos tiempo para escuchar la letanía de manías de Lou. No es necesario que le invitemos a pasar. Podemos levantarnos, caminar al otro lado de la mesa, bloquear el camino de Lou hacia la silla de invitados y hablar con él mientras estamos de pie. Las personas tienden a ser mucho más breves cuando tienen que estar de pie que cuando están sentadas. Si su mensaje es importante y está relacionado con el trabajo, siempre podemos invitarle a que se siente. Si no, con cuidado podemos conducir a Lou hacia la puerta.

Marge, una escritora autónoma, trabaja en el patio de su casa. Durante un tiempo, uno de sus vecinos la visitaba cada mañana para charlar con ella. Marge no tenía tiempo para tertulias y, a pesar de que disfrutaba de las relaciones sociales, admitió que si no ponía fin a esas visitas no podría terminar sus proyectos. Una charla sincera con su vecino explicándole su necesidad de tener tiempo para trabajar solucionó el problema sin poner en peligro su amistad. Las personas entienden que el tiempo es finito, pero a veces necesitan que les recordemos nuestras limitaciones de tiempo y el hecho de que debemos utilizarlo de manera óptima.

Papeleo

Aunque la comunicación y los documentos electrónicos han sustituido el abrumador volumen de papel que reciben la mayoría de trabajadores, seguimos necesitando administrar el tiempo que dedicamos al papeleo. Deberíamos tratar de dedicarnos al papeleo las menos veces posibles; una vez normalmente es suficiente. Es mejor escanear el papel y reciclarlo inmediatamente si no tenemos ningún motivo para guardarlo. Igual que otras interrupciones «entrantes», podemos guardarnos cierto tiempo para encargarnos de los papeles que llegan a nuestro escritorio. Si tenemos que hacer algo y es adecuado hacerlo, *es mejor hacerlo ahora*. Con frecuencia, podemos responder los documentos internos de la empresa escribiendo la respuesta a pie de página, ahorrándonos así el tiempo necesario para una respuesta formal.

Si leemos correspondencia que requiere de nuestra actuación, podemos apuntar en la carta o en algún papel adjunto lo que debemos hacer, como por ejemplo, obtener información adicional, escribir una respuesta, etc. Si lo hacemos mientras leemos la carta, será innecesario que volvamos a leerla cuando estemos preparados para realizar dicha acción.

Al leer informes, conviene leer primero el resumen. Con frecuencia no es necesario leer todo el informe. Después podemos decidir leer cualquier otra información que sea necesaria y ahorrarnos el tiempo que nos llevaría leer detalles que apenas tienen valor para nosotros.

Trámites innecesarios

En muchas empresas se dedica una cantidad exorbitante de tiempo a rellenar formularios, duplicar documentos y realizar otros trámites y tareas de documentación innecesarios.

Robinson Wyler, el vicepresidente de la sucursal de un importante banco californiano, iba caminando por una de sus oficinas cuando advirtió que una de las administrativas estaba ocupada rellenando un formulario rosa. «¿No sabes que la información de este formulario rosa está en el ordenador y que ya no es necesario?», le preguntó. Ella lo miró perpleja. «Por supuesto que sé que estos datos están en el ordenador», respondió. «Introduzco los datos en el ordenador, pero nadie me ha dicho que debía dejar de utilizar el formulario rosa».

Una investigación más detallada sacó a la luz que, aunque la información se había informatizado hacía más de un año, nadie había emitido una orden para dejar de utilizar el formulario rosa.

Muchas empresas siguen usando formularios que han sobrevivido a su utilidad –a expensas de una gran cantidad de tiempo, dinero y esfuerzo– porque nadie ha tomado las medidas necesarias para que se dejen de utilizar.

Todo informe, modelo de carta u otro documento impreso estandarizado que se utilice repetidamente debería ser evaluado de manera periódica. ¿Cuándo debería tener lugar esa evaluación? Como mínimo, ningún formulario o documento debería utilizarse durante más de dos años sin volverlo a evaluar detenidamente a fin de determinar su valor. Si se ha realizado algún cambio significativo en el área en que se utiliza el formulario, como la introducción de nuevos métodos o de nuevos equipos, esta evaluación debería llevarse a cabo cuando los nuevos métodos o equipos hayan estado vigentes durante el tiempo suficiente como para determinar el efecto que ejercen sobre el funcionamiento general. Otro buen momento para estudiar el valor de un formulario o un documento similar es cuando toca volver a encargarlo. Si se hubiera hecho en el banco californiano en el momento en que se pidió la reimpresión de formularios rosas, los empleados habrían advertido su obsolescencia.

Los modelos de carta deberían volverse a evaluar de la misma manera que los informes y otros documentos. Si el modelo de carta suena demasiado impersonal o no responde con claridad a la pregunta para la cual se ha redactado, debería volverse a escribir. Cabe recordar que esa carta proyecta en el lector la imagen de nuestra empresa.

Si todos los formularios, sistemas, informes y cartas estandarizados se evalúan con criterio de manera periódica, no sólo eliminaremos incontables horas de trabajo innecesario, sino que los empleados podrán dedicar más tiempo y energía a los asuntos que realmente importan para lograr los objetivos que tanto nosotros como la empresa deseamos alcanzar.

Hasta que no sepamos administrar nuestro tiempo
no sabremos administrar nada más.

Peter F. Drucker
ca

Esperar lo inesperado

En todos los trabajos surgen asuntos inesperados a lo largo del día. Hay que apagar incendios, las máquinas o los ordenadores se rompen, el jefe tiene un proyecto especial, un empleado nos da un problema… Sabemos que estos sucesos pueden ocurrir, pero nunca sabemos cuáles ni cuándo ocurrirán.

A fin de evitar que aquellos asuntos que nos roban tiempo afecten por completo a nuestro calendario, debemos incorporar a nuestro programa cierto margen de tiempo para abordar lo inesperado. Si analizamos nuestras actividades cotidianas durante un período de tiempo, podremos determinar cuántas horas al día dedicamos a abordar lo inesperado.

Si, por ejemplo, en una típica jornada de ocho horas dedicamos dos horas a estas emergencias, entonces debemos planear únicamente una jornada de seis horas. De este modo, lo inesperado se torna esperado y tenemos tiempo para abordarlo.

Es poco probable que aun habiendo planeado un día, éste discurra exactamente como queremos. Siempre habrá asuntos que nos roban el tiempo y que frustrarán nuestro día tan bien planificado. Sin embargo, si somos conscientes de estos ladrones de tiempo, podremos minimizar la pérdida de minutos valiosos y estar más cerca de sacar el máximo provecho de nuestro tiempo.

El cambio brinda oportunidades

Cuando el estrés nos desanime, deberíamos restablecer la calma en nuestra vida con pensamientos de paz, coraje, salud y esperanza. La tranquilidad nos ayudará a atravesar la situación que nos estresa. Si seguimos con la cabeza alta y trasmitimos una mirada de tranquilidad, nuestros amigos y compañeros de trabajo nos respetarán y ayudarán con aquello que nos preocupa.

Como hemos comentado al principio de este capítulo, el estrés no siempre es algo negativo.

Los períodos de cambio pueden producir estrés, pero también pueden ser momentos decisivos de nuestra vida. Nos brindan la oportunidad de reexaminar nuestro trabajo y profesión. Los cambios pueden alentarnos a tomar medidas para repensar nuestros objetivos y dar los pasos necesarios para cumplirlos.

Resumen

- La mayoría sentimos un estrés añadido cuando se producen cambios en algún aspecto de nuestro trabajo.
- Es posible hacer frente a las situaciones más estresantes si aplicamos uno o más de los elementos reductores de estrés enumerados a continuación:
  —Conciencia de uno mismo.
  —Atención tierna y afectuosa. Cuidar de uno mismo es importante para gozar de buena salud, y las personas que gozan de buena salud tienen menos probabilidades de estresarse.
  —Relajación.
  —Ejercicio.
  —Sentido del humor.
  —Búsqueda de la ayuda de los demás.

A veces el estrés es tan abrumador que solos no podemos hacerle frente. Podemos pedir ayuda a asesores profesionales, clérigos y especialistas de ciertas disciplinas.

- En lugar de preocuparnos por que surjan problemas con los cambios que se están implementando, conviene abordar estos problemas y tomar medidas para vencerlos.
- Para solucionar nuestros problemas, debemos seguir la fórmula de Dale Carnegie:
  —Recabar toda la información.
  —Sopesar la información y tomar una decisión.
  —Actuar en cuanto se alcanza una decisión.
- Cuando preguntamos a la gente qué le provoca estrés, una de las respuestas más frecuentes es la falta de tiempo para terminar las tareas. El control cuidadoso del propio tiempo puede minimizar este problema.
- Cuando el estrés nos desanime, deberíamos restablecer la calma en nuestra vida con pensamientos de paz, coraje, salud y esperanza.
- Considerar que los cambios son oportunidades.

7

Tratar con personas diversas

El buen liderazgo requiere que nos rodeemos de personas de variadas perspectivas que puedan discrepar con nosotros sin temor a represalias.

Doris Kearns Goodwin

ॐ

El mundo del siglo XXI es un entorno más complejo y diverso que en épocas anteriores. Nuestros compañeros, empleados a nuestro cargo, jefes y clientes pueden vestir, hablar, comportarse y pensar de un modo distinto a nosotros. En vez de esperar que los demás sean como nosotros, debemos reconocer y respetar sus perspectivas y cualidades únicas. Hoy en día nuestro éxito en el trabajo exige que tengamos más conciencia de los demás y que demostremos agilidad para relacionarnos con ellos.

Es importante comprender las diferencias entre los hombres y las mujeres con que trabajamos y cómo estas diferencias afectan a la naturaleza de nuestra relación. Debemos concebir estrategias que nos permitan acercarnos a los demás de tal manera que seamos eficaces y productivos para ellos y procurar hallar maneras de alcanzar el éxito personal y grupal.

En este capítulo nos centraremos en cómo abordar las siguientes áreas:

- Sacar el mayor provecho de los orígenes étnicos y culturales de nuestros compañeros.
- Comunicarnos con personas que tienen dificultades para comprender o hablar nuestro idioma.
- Problemas específicos de trabajar con personas con discapacidades físicas o mentales.

En el siguiente capítulo nos centraremos en:

- Tratar con personas de distintos grupos de edad que nosotros.
- Abordar problemas relacionados con las diferencias de género en el trabajo.

ૡ

Una de las mayores contribuciones del conductismo a la dirección de empresas es que todas las personas son diferentes. A fin de que nuestro trabajo con los demás sea eficaz, debemos conocer a las personas y ajustar nuestra forma de tratar con ellas según sus individualidades.

Arthur R. Pell

ૡ

Comprender las diferencias culturales

A grandes rasgos, se puede decir que la cultura es aquello que nos define en virtud de nuestra geografía, idioma, costumbres y creencias. Personas e instituciones de la misma cultura que nosotros influyen de forma decisiva sobre nuestra forma de ver el mundo y las personas que nos rodean. En función de lo intensas que hayan sido estas experiencias e influencias, pueden afectar en distinto grado el modo en que respondemos a los individuos con que nos topamos y que percibimos que no pertenecen a la misma cultura que nosotros.

Glosario de términos

Mucho se ha escrito sobre cómo trabajar con grupos diversos y en muchos países se han aprobado leyes sobre cómo deben ser las relaciones con estos grupos en el trabajo. Para comprenderlo mejor, resulta útil entender la terminología que se emplea habitualmente. He aquí algunos de estos términos:

Aceptación: disfrutar de una condición sin intentar cambiarla.

Discriminación por razón de edad: actitudes, creencias o prácticas negativas hacia un grupo en virtud de su edad.

Asimilación: aceptación voluntaria o involuntaria por parte de los grupos minoritarios de algunos aspectos de un grupo dominante.

Suposición: dar por sentado; creer que la cultura, la religión u otra característica de un grupo son superiores a las de otro sin pruebas de que eso sea cierto.

Sesgo: inclinación personal del temperamento o la perspectiva. Prejuicios a favor o en contra de uno o más tipos de persona.

Fanatismo: intolerancia por las creencias o las prácticas del otro.

Discriminación: tratamiento injusto de un individuo o grupo a causa de prejuicios.

Etnocentrismo: creencia en que los miembros del propio grupo étnico son superiores a los miembros de otros grupos.

Generalización: afirmación genérica expresada como una verdad universal.

Intolerancia: renuencia o negativa a aceptar las diferencias.

Prejuicio: actitud negativa habitualmente formada sin base ni fundamento.

Racismo: creencias negativas sobre un grupo de personas en virtud de su raza. Tratamiento injusto de un individuo o grupo por su raza.

Segregación: separación o aislamiento de un individuo o grupo.

Sexismo: actitudes y comportamientos basados en roles de género estereotipados.

Estereotipo: atribución generalizada de características a todos los miembros de un grupo a pesar de sus diferencias individuales.

Tolerancia: capacidad de reconocer y respetar las creencias y las prácticas de los demás.

ᕙ

De todos los variados errores, la discriminación entre uno y los demás es el peor, pues sólo genera una situación desagradable.

Dalai Lama

ᕙ

Evaluación: conciencia sobre los valores

A fin de comprender mejor nuestra actitud con respecto a las diferencias culturales entre nosotros y los demás, escribe «cierto» o «falso» al lado de las siguientes declaraciones:

1. A lo largo de mi infancia me han educado para celebrar los festivos específicos de mi país de origen o religión.
2. Como adulto, estoy orgulloso de la cultura en la que he crecido y de las claras normas de comportamiento que he aprendido.
3. Mi religión me exige considerar que las tradiciones específicas son un acto de fe.
4. Por elección propia, cada año hay otras prácticas que son importantes para mí según sean mis intereses, religión, género, edad u otros factores.
5. La mayoría de mis compañeros saben poco o nada de mis orígenes y valores.
6. Creo que las prácticas religiosas y culturales deberían ser asuntos privados.
7. Estoy familiarizado con el origen cultural y las creencias religiosas de mis compañeros de trabajo.
8. Respeto y celebro las prácticas y tradiciones culturales de los miembros de mi equipo.
9. Comparto abiertamente la importancia de mis propias prácticas culturales.
10. Sólo deberían celebrarse en el trabajo los festivos oficiales de este país.
11. Creo que algunas costumbres, tradiciones y/o prácticas de mis compañeros son curiosas u ofensivas.
12. Nuestro lugar de trabajo sería más armonioso si todos compartiéramos los mismos valores.

ૠ

Comprender es el primer paso para aceptar.

J. K. Rowling

ૠ

Interpretación de las respuestas

Si las respuestas han sido «cierto» para las declaraciones 1-4:

Indica un estrecho vínculo con las propias tradiciones y valores culturales y religiosos. Por una parte, este vínculo puede proveernos un objetivo definido, orientar nuestro comportamiento ético y brindarnos consuelo en las situaciones desconocidas o estresantes. Por otra parte, nuestras experiencias personales y creencias firmes pueden hacer que nos resulte más difícil aceptar o tolerar perspectivas distintas de las nuestras.

Si las respuestas han sido «cierto» para las declaraciones 5-6:

Indica que somos más reservados sobre el hecho de expresar abiertamente nuestros valores y creemos que los demás también deberían comportarse así. Como dato positivo, esta postura puede evitar el conflicto y la confrontación cuando existen diferencias. Al mismo tiempo, la falta de conocimiento podría provocar problemas a causa de comentarios o conductas faltas de sensibilidad que puedan ofender a los demás.

Si las respuestas han sido «cierto» para las declaraciones 7-9:

Estas respuestas indican que somos abiertos con los demás y que consideramos que las diferencias son interesantes en lugar de irritantes. Un beneficio de esta actitud es que permite entablar una buena relación con los compañeros. Como inconveniente, puede que los demás nos consideren más débiles en nuestras convicciones.

Si las respuestas han sido «cierto» para las declaraciones 10-12:

Estar de acuerdo con estas frases puede indicar que somos puristas en términos de valores y costumbres culturales. Una ventaja de tener estas ideas es que pueden fomentar un entorno de trabajo homogéneo cuando todos lo aceptan por voluntad propia. Un posible inconveniente es que estas actitudes pueden aislar fácilmente a miembros del grupo que tienen distintas opiniones y otros estilos de vida.

A medida que nos diversificamos, debemos trabajar más para unirnos en nuestros valores comunes y nuestra compartida humanidad.

William Jefferson Clinton

ca

Conocer nuestros sesgos y dominarlos

Con frecuencia tomamos decisiones basándonos en factores que ni siquiera nos damos cuenta de que son sesgos.

Después de que a Pierre W. le rechazaran su solicitud para el cargo de vendedor en la empresa Achilles Heel, una empresa de la competencia lo contrató y se convirtió en el mejor vendedor de la plantilla. Cuando preguntaron al director de ventas de Achilles por qué había descartado a Pierre, respondió: «Supongo que porque tenía un acento extranjero».

¿A cuántos buenos trabajadores hemos rechazado por nuestros sesgos conscientes e inconscientes?

El término «sesgo» significa «inclinación». Al contratar o negociar con gente en el trabajo, tendemos a inclinarnos por personas que encajan con nuestras nociones preconcebidas acerca de lo que contribuirá y lo que no al éxito de ese trabajo. Con frecuencia, estas ideas preconcebidas son erróneas y se basan en conceptos que no se sostienen cuando se examinan detenidamente. La palabra «prejuicio» significa «opinión previa», e implica tomar una decisión sobre alguien en virtud de alguna característica superficial antes de haber llevado a cabo una verdadera evaluación de su preparación.

A veces rechazamos a las personas por una característica específica que nos fastidia. Cabe recordar que lo que molesta a una persona, como el acento de Pierre, no necesariamente molesta a los demás, y es posible que en realidad a otros les resulte atractivo.

Personas similares a nosotros

Nuestros sesgos no sólo se basan en cómo habla, viste o es físicamente una persona, sino que otros aspectos de su cultura también desempeñan un importante papel. Tendemos a sentirnos más cómodos en compañía de personas similares a nosotros. Tendemos a ser imparciales en favor de personas que tienen orígenes parecidos a nosotros, que estudiaron en la misma escuela o incluso que viven en la misma comunidad.

El presidente de un banco era de ascendencia serbia. Por extrañas casualidades, la mayoría de trabajadores que contrataba o ascendía tenían orígenes serbios. De vez en cuando ascendía a un cargo de dirección a alguien excepcionalmente competente de otro origen, pero nunca a un croata. ¿Por qué? Desde su niñez, le habían inculcado la rivalidad entre estas dos culturas eslavas.

A primera vista, esta conducta puede parecer sensata. Después de todo, las personas que trabajan juntas deben ser compatibles. Pero no sólo es una discriminación ilegal por motivo de su origen, sino que permitir que la nacionalidad de una persona sea un gran obstáculo para su profesión puede dejar fuera a personas con mucho potencial que podrían contribuir de forma significativa al éxito de la empresa.

«No es un sesgo, es un hecho real»

Jack estaba enfadado. «No tengo prejuicios en contra de nadie», se quejó cuando lo criticaron por el personal de ventas que había contratado. «Para ser un buen vendedor tienes que tener buen aspecto. Juzgamos un libro según su portada. Es más probable que los compradores dediquen tiempo a una persona con una apariencia imponente y que rechacen a las que son poco agraciadas».

Sin embargo, cuando le pidieron a Jack que comparase los resultados de sus ventas con los de otros gerentes que no habían hecho tanto hincapié en la apariencia para contratar a su personal, descubrió que este «hecho» no era cierto. El mejor vendedor de la empresa era un hombre al que Jack se había negado a contratar en su territorio porque caminaba con bastón. «Los clientes no van a interesarse por un lisiado», explicó. Su jefe señaló que las personas que son cumplidoras y sinceras saben presentarse bien al margen de su aspecto.

Descubrir nuestros sesgos

La mayoría de personas acepta el hecho de que deberíamos evaluar a los demás en función de todo su historial. Puesto que muchos sesgos son subconscientes, muchos no nos damos cuenta de qué sesgos tenemos. Los sesgos son emocionales, no lógicos. Sólo por medio de un autoanálisis profundo podemos ser conscientes de ellos.

Con este fin, debemos revisar las vacantes que hemos cubierto –ya sea porque hemos contratado o ascendido a alguien– durante el último año y observar a los candidatos que hemos elegido. ¿Tienen algún rasgo especial en común? ¿Tienen el mismo tipo de aspecto, habla u origen étnico?

Conviene prestar especial atención a los candidatos que hemos descartado, especialmente aquellos que no llegamos a tener en consideración o que no superaron la primera entrevista. ¿Estaban realmente poco preparados? ¿Había algo en ellos que no pudimos definir, pero que simplemente no nos gustó? Si es así, ¿pudo haber sido porque tenemos intuición con los buenos trabajadores o –sé honesto– porque se estaban manifestando nuestros sesgos?

Sacar el máximo partido de la diversidad

En cuanto seamos conscientes de nuestros sesgos y tomemos medidas para erradicarlos, deberíamos examinar el concepto general de trabajar con personas diversas en nuestra empresa. Si ocupamos un cargo de dirección, nuestra principal misión debería ser la de hacer buena práctica de la diversidad. Si no estamos en un cargo de dirección, deberíamos colaborar con nuestros jefes y compañeros para conseguir tener una buena relación con las personas distintas a nosotros.

El primer paso para sacar el máximo provecho de la diversidad consiste en realizar un esfuerzo coordinado para ser conscientes de la diversidad cultural que existe en el seno de nuestra empresa.

El segundo paso consiste en permitir a los demás que hablen de sus diferencias culturales. En relación con la diversidad cultural cabe señalar dos aspectos:

- Todos deberíamos recordar que es difícil abordar las diferencias culturales sin recurrir a los estereotipos. En su sentido más puro, no existe una persona estereotípica. Ninguna persona es exactamente igual que otra y ningún individuo es el clon de un miembro de otro grupo.

- A medida que aumenta la diversidad en una empresa, también incrementa la complejidad de la comunicación y la necesidad de realizar esfuerzos mayores para desarrollar mejores habilidades comunicativas.

Tomar conciencia y hablar del tema puede aclarar la idea de la diversidad cultural. Apreciar y comprender la diversidad cultural es algo más que simplemente tolerar las diferencias entre individuos o grupos; también es apoyarlas y cultivarlas. La variedad de ideas, talentos, habilidades y conocimientos es un atributo deseable para cualquier empresa.

Proporcionar un entorno que apoye y cultive la diversidad cultural y exponer a los integrantes de un grupo a nuevos asuntos, ideas, conocimientos y culturas, potencia otros objetivos de la empresa. Abordar abiertamente la diversidad brinda la oportunidad de desarrollar la personalidad, enseñar la tolerancia y el respeto por los demás y fomentar la igualdad. Merece la pena participar de manera activa en una coalición culturalmente diversa que valore y cultive a personas de todos los orígenes. Una empresa así prosperará y se perpetuará.

Para sacar el máximo provecho de la diversidad es necesario el compromiso de todos los involucrados. Cambiar actitudes y creencias imperantes no es fácil. Con frecuencia, lo mejor que podemos esperar es cambiar comportamientos en lugar de actitudes profundamente arraigadas. Los miembros de una coalición diversa deben comprometerse con el multiculturalismo y abordar los asuntos relacionados con la diferencia cultural.

Potenciar la dinámica del multiculturalismo

En la mayoría de países, existen problemas relativos al trabajo con grupos diversos. Desde mitad del siglo XX, las empresas de Europa y Asia han «importado» trabajadores de países en desarrollo. Hemos visto emigraciones masivas de turcos en Alemania, algerianos en Francia, indonesios y sudasiáticos en Arabia Saudí, coreanos en Japón, etc.

Al comienzo de la historia de Estados Unidos, esta situación fue distinta a la de otros países porque los primeros emigrantes asimilaron relativamente rápido el estilo de vida americano. Sin embargo, no es lo que ha ocurrido en los últimos tiempos.

Según la tradicional teoría del crisol de razas, los emigrantes que se establecieron en América perdieron las costumbres de sus países de origen y se mezclaron alegremente hasta formar un solo pueblo. Este tipo de asimilación se ha sustituido por el concepto del multiculturalismo. Los emigrantes más recientes tienden a conservar sus culturas nativas y las integran en la cultura de su nuevo entorno sin llegar a abandonar sus culturas de origen.

Desde los años sesenta, la idea de una única cultura ha empezado a deteriorarse para dar paso a una sociedad más plural que sigue evolucionando por medio de la integración y la influencia cultural. Estos cambios son más evidentes en la moda, los hábitos alimentarios, el ocio, la música, la literatura y los deportes.

Tal diversidad nos permite sacar provecho de nuestras habilidades únicas y de las áreas en las que somos expertos. Podemos aprender mucho de la comprensión mutua y el reconocimiento de las diferencias individuales. Fortalecer la identidad cultural positiva de los demás es un aspecto importante para que haya una buena relación entre todos los implicados.

Consciente o inconscientemente, podemos agregar los valores, las actitudes o los comportamientos de nuestra cultura a la dinámica del grupo.

Gestionar la diversidad cultural

A fin de sacar el máximo provecho de la diversidad cultural, todo programa y protocolo debería incluir lo siguiente:

1. *Reclutamiento.* Debemos tratar de incorporar a nuestra empresa personas que sean representantes de la comunidad.

2. *Capacitación de la diversidad.* Conviene ser consciente de la diversidad cultural del grupo, tratar de comprender todas sus dimensiones y buscar el compromiso de todos para cultivar la diversidad cultural. Debemos abordar los mitos, los estereotipos y las diferencias culturales que impiden a los miembros contribuir plenamente.

3. *Comunicación en el seno de las coaliciones.* Debemos eliminar los principales obstáculos que impiden el trabajo en equipo de personas de culturas diversas. El mejor método consiste en comprender y practicar una comunicación mejor:

- Aprender a escuchar. Escuchar lo que se dice realmente, no lo que queremos oír.
- Invitar a los demás a participar en la discusión.
- Aprender a comunicarnos con claridad e imparcialidad.
- No juzgar mal a los demás por su acento o gramática.
- Evaluar si los demás nos entienden. Realizar preguntas para estar seguros de que está claro lo que decimos.
- Adaptar nuestro estilo comunicativo a la situación. Ser explícitos. Las personas de distintas culturas pueden reaccionar de forma diferente a ciertos registros y tonos. Debemos saber con quién nos estamos comunicando.
- Utilizar un lenguaje que fomente la confianza y la alianza. Toda persona quiere prosperar en su empresa. Debemos ser tranquilos y positivos.
- Cuando surgen conflictos, tal vez sea a causa del estilo en lugar del contenido. Debemos esforzarnos por lograr que nos entiendan y revisar, repasar y reconsiderar nuestro principal objetivo para asegurarnos de que el contenido está claro. La manera en que decimos algo puede ser más importante que lo que decimos.

4. *Diferente, pero igual.* Hombres y mujeres, personas blancas y de color, jefes y trabajadores, son distintos entre sí. Sin embargo, sus similitudes tienen más peso que sus diferencias. Reconocer y aceptar tanto sus puntos en común como sus diferencias es esencial para establecer relaciones fructíferas y efectivas.

5. *Mantener el compromiso.* Nuestra empresa estará más conectada con la comunidad a la que sirve si declara públicamente que una de sus principales prioridades es tener un grupo de trabajo diverso. Debemos seguir revisando las diversas actividades que garantizan el conocimiento, el entendimiento, la comunicación y el fomento de una empresa culturalmente diversa.

6. *Proveer un liderazgo sólido.*

- Articular una visión y unos valores plurales para la empresa; demostrar que son parte esencial de la misión y la perspectiva de la empresa.
- Fomentar y apoyar el debate entre los trabajadores de la empresa sobre el significado de la diversidad y la pluralidad; mostrar cómo implementar programas que puedan lograr estos objetivos.
- Demostrar un compromiso ético con la justicia y la censura de cualquier clase de discriminación en el seno de la empresa y sus relaciones con otras personas, grupos y empresas.
- Comprender las dimensiones de la diversidad, emplear un lenguaje inclusivo y respetuoso, citar fuentes diversas, adaptarse rápidamente a los distintos estilos comunicativos de personas diversas, mostrar respeto por las diferencias individuales, ser conscientes de la diversidad y sentirnos cómodos con la misma.
- Valorar el continuo aprendizaje y cambio personal, pedir el punto de vista y la opinión de personas diversas, invitar a los demás a valorar nuestro comportamiento y puntos débiles y estar abiertos a modificar nuestras creencias y acciones en función de sus valoraciones.
- Enseñar y brindar poder a los demás y alentar a todos a hacer lo mismo.

Trabajar con personas con dificultades para entender nuestro idioma

Cuando trabajamos con personas que tienen un conocimiento limitado de nuestra lengua, los supervisores y demás compañeros de trabajo deben esforzarse especialmente para garantizar que comprenden lo que les decimos y que nosotros comprendemos lo que ellos nos dicen.

Si nuestra empresa contrata a un gran número de inmigrantes o trabajadores extranjeros del mismo país, puede ser aconsejable contratar a uno o más intérpretes bilingües. Sin embargo, esto no siempre es factible. La mayoría de trabajadores aprenden nuestro idioma lo suficiente como para poder mantener una conversación básica. Normalmente, hay otros empleados de su mismo país que pueden ayudarles a aclarar la comunicación.

Cuando trabajamos con hablantes no nativos de nuestra lengua, y especialmente con aquellos que apenas la hablan, resulta útil disponer de materiales traducidos a sus respectivas lenguas a fin de que puedan aprender a desempeñar el trabajo igual que un hablante nativo.

Materiales multilingües

Las herramientas bilingües o multilingües, como folletos, breves explicaciones gráficas, manuales del trabajador y menús, son útiles cuando formamos a un nuevo trabajador. Podemos facilitar reglas sencillas relacionadas con el trabajo, como instrucciones para fichar al entrar y salir del trabajo, en cada una de las lenguas que se hablan con frecuencia en la empresa.

Algunas empresas facilitan audios o vídeos a los empleados para ayudarles a salvar la brecha lingüística. Éstos incluyen palabras y frases importantes para ayudar a los hablantes no nativos con la terminología de la empresa.

De vez en cuando, las empresas ofrecen programas de formación que se incluyen en su paquete de beneficios. Ofrecen medios a los trabajadores para estudiar con mayor profundidad nuestro idioma como segunda lengua, aumentar su confianza y mejorar sus habilidades en el trabajo y la comunidad.

Entre los medios visuales, pueden incluirse carteles que destaquen paso a paso los procedimientos adecuados para desempeñar tareas manuales.

Asegurarnos de que nos entienden

Debemos hablar con claridad y pronunciar las palabras correctamente.
Exagerar la pronunciación no ayuda a nuestro oyente y puede provocar más confusión. Sin embargo, es útil pronunciar algunas palabras tal y como las pronuncia una persona no nativa, especialmente si la pronunciación adecuada es muy distinta de la pronunciación de esa persona.

Hablar más alto no resulta útil. Algunos piensan erróneamente que subir el volumen ayuda de alguna manera a que el entendimiento sea inmediato. Debemos evitar este error común (sin embargo, tampoco conviene hablar con un tono demasiado bajo).

No cubrirnos ni ocultar la boca. Nuestros oyentes querrán observarnos mientras hablamos. Poder ver a alguien mientras habla puede ser útil para comprender lo que dice.

Conviene evitar pronunciar las palabras sin una breve pausa entre ellas.
Uno de los mayores retos de un oyente es saber dónde termina una palabra y empieza la siguiente. Una breve pausa entre palabras puede ser útil si nuestro oyente parece tener dificultades para entendernos.

Cuando sea posible, debemos optar por palabras sencillas en lugar de palabras complejas. Cuanto más básica sea una palabra, más probable es que los demás la entiendan. Por ejemplo, en inglés, es mejor utilizar la palabra «grande» en vez de «enorme». «Hacer» es mejor que «producir». Sin embargo, con un hablante de una lengua romance (como español, francés, italiano, portugués o rumano), muchas veces los términos más complejos pueden ser útiles porque son de origen latino.

Debemos evitar el uso de muletillas y expresiones coloquiales. Los hablantes no nativos, especialmente los que tienen menos dominio del idioma, pueden hallar dificultades para entender las muletillas y las expresiones informales. Tal vez piensen que muletillas como «este» o «esto» sean vocablos que desconocen. Es probable que también desconozcan expresiones coloquiales como «matar dos pájaros de un tiro», que fácilmente pueden entenderse mal. También debemos evitar el uso de contracciones o abreviaturas.

Si alguien nos pide que repitamos algo, conviene repetirlo igual que la primera vez. Es mejor utilizar las mismas palabras al repetir una frase; tal vez la otra persona no nos haya oído bien. Si aun así el oyente sigue sin comprendernos, debemos cambiar algunas de las palabras de la frase. Quizá no haya entendido una o dos palabras. Además, es mejor repetir toda la frase, no sólo las últimas palabras. Esta práctica exige tiempo, pero ayuda a evitar la confusión.

Paráfrasis. Si existe una palabra similar a la palabra que no se comprende, conviene utilizarla. A medida que conozcamos más el grado de comprensión de nuestra lengua que tienen nuestros oyentes, la comunicación se tornará más fácil.

Ser explícitos. Debemos decir «sí» o «no» en lugar de «ajá». ¡Esta interjección no figura en los libros de gramática!

Debemos escuchar y no tratar de elaborar nuestra respuesta mientras sigue hablando otra persona. Debemos esperar a que la otra persona haya terminado para poder aclarar cualquier asunto que sea necesario y ofrecer una información correcta basándonos en todo lo que ha dicho.

Debemos comprender que otras culturas tienen distintos criterios relativos al contacto físico y visual y el espacio personal. Alguien que está demasiado cerca de nosotros o que no nos mira a los ojos, significa simplemente que está siguiendo sus propios criterios culturales, no que está tratando de ofendernos. Debemos evitar tocar a nuestros oyentes de ciertas culturas. Incluso aunque queramos empujarlos suavemente hacia la dirección correcta o animarlos con una palmada amistosa en la espalda, es posible que malinterpreten nuestro gesto. Muchas culturas consideran el contacto físico de un modo muy distinto al que tendemos a considerar los occidentales, y nuestro toque amistoso podría ser agresivo o demasiado informal para algunas personas.

Ser pacientes y sonreír. Cuanto más relajados estemos, más control tendremos sobre la comunicación. No debemos permitir que nuestro estilo de vida o nuestra agenda de reuniones controlen nuestras charlas. Debemos pensar mientras hablamos y no hablar mientras pensamos.

എ

La mayor fortaleza de la raza humana es la capacidad de reconocer las diferencias entre nosotros. Nuestra mayor debilidad es la incapacidad de aceptarlas.

Judith Henderson

എ

Consejos prácticos para trabajar con personas de distintas culturas

- La mayoría de personas aprecian los esfuerzos sinceros de quienes les tienden la mano, les saludan en su idioma y les respetan sus creencias. No debemos preocuparnos por cometer errores.
- Puede llevar un tiempo forjar buenas relaciones y confiar en personas de distintas culturas. Conviene ser pacientes.
- Debemos pedir a los demás que nos digan en cualquier momento si hacemos algo que es ofensivo para su cultura.
- Conviene explicar detenidamente los procedimientos que proponemos llevar a cabo y el motivo por el que los proponemos.

- Cuando nos comuniquemos con personas que tienen unos conocimientos limitados de nuestro idioma: 1) si el material es técnico o complejo, emplear a un intérprete cualificado; 2) para temas más sencillos, conseguir la ayuda de otro compañero que tenga un buen conocimiento de los dos idiomas en cuestión.
- Siempre que sea posible, conviene utilizar palabras (no gestos) para expresar lo que queremos decir. Los gestos que son aceptables en nuestra cultura tal vez sean ofensivos o carezcan de significado en otras culturas.
- Debemos descubrir la perspectiva del otro respecto al asunto que estamos tratando.

Podemos utilizar las siguientes preguntas como modelo:

1. ¿Cómo ves esta situación?
2. ¿Qué crees que la ha provocado?
3. ¿Cómo afecta a tu trabajo?
4. ¿Qué has hecho hasta ahora para afrontarla?
5. ¿Qué clase de ayuda podemos proporcionarte?

Compañeros de trabajo con discapacidades

છ

No sólo las personas con discapacidades físicas viven experiencias que no pueden vivir las no discapacitadas, sino que están en mejor posición para trascender los mitos culturales sobre el cuerpo, porque no pueden hacer aquello que los no discapacitados creen que deberían hacer a fin de ser felices, «normales» y estar sanos. Si se escuchase a las personas con discapacidades, se desbordaría el conocimiento del cuerpo y la psique del ser humano.

Susan Wendell

છ

Trabajadores de muchas empresas en todo el mundo saben que las personas con discapacidades son empleados productivos y de confianza que aportan beneficios a la empresa. Algunas empresas también se encargan de desarrollar productos y servicios para personas con discapacidades, sus familiares y amigos. Y, a medida que las empresas se integran en comunidades en las que hacen negocios, muchas prestan atención a las personas discapacitadas.

Estas cuestiones son la base de *Discapacidad en el lugar de trabajo: Prácticas de las empresas,* una publicación de la Organización Internacional del Trabajo, un organismo especializado de las Naciones Unidas. El informe describe la experiencia de veinticinco empresas y su labor relativa al tema de la discapacidad. Los perfiles de las empresas describen sus prácticas con las personas discapacitadas que son trabajadoras o posibles trabajadoras de la empresa, clientes y consumidoras y miembros de la comunidad. Las descripciones son breves, sólo de entre dos y cuatro páginas, pero cada una de ellas capta el contexto de las operaciones de la empresa en relación con el tema de la discapacidad.

Este informe es oportuno por muchos motivos. Ha aparecido a raíz de una importante crisis económica mundial y, aun así, las empresas descritas han potenciado sus iniciativas respecto a la discapacidad y la diversidad. Proporciona inspiración y orientación a otras empresas en una época en la que los países están ratificando y tratando de implementar la Convención sobre los Derechos de las Personas con Discapacidad de las Naciones Unidas, una convención exhaustiva sobre los derechos humanos para personas con discapacidades que exigirá algunos cambios en las prácticas y las políticas de los países en cuestiones relativas al trabajo y el empleo.

Discapacidad en el lugar de trabajo: Prácticas de las empresas también responde a un cuerpo emergente de información que apoya el modelo de negocio de contratar a personas con discapacidades y el interés de las empresas en conservar trabajadores de culturas diversas.

Las empresas contratan personas con discapacidades y cubren sus necesidades con productos y servicios por varios motivos. Los empleados discapacitados son trabajadores buenos y dignos de confianza. Muchas empresas documentan una productividad comparable, un índice menor de accidentes y un índice mayor de conservación del empleo entre los empleados con discapacidades y la plantilla general de la empresa.

Las personas con discapacidades representan una fuente muchas veces sin explotar de habilidades y talentos, además de conocimientos técnicos si tienen acceso a los programas de formación, y unas habilidades transferibles relativas a la solución de problemas que han desarrollado a lo largo de su vida cotidiana. Las personas que sufren una discapacidad a causa de un accidente laboral con frecuencia tienen experiencias y habilidades valiosas que han aprendido en su trabajo, además de sus cualificaciones formales.

Contratar trabajadores discapacitados puede contribuir a la diversidad, la creatividad y la moral del lugar de trabajo, así como también a potenciar la imagen de la empresa entre los empleados, la comunidad y los clientes. La preocupación por los derechos humanos y por las prácticas no discriminatorias también se refleja en el perfil de las empresas. Muchas ilustran los principios de la Organización Internacional del Trabajo (OIT), entre ellos los que articulan la publicación *Gestión de las discapacidades en el lugar de trabajo* y las normas de la OIT. Estas empresas inspiran y orientan a otras a fin de avanzar en sus políticas e iniciativas de diversificación y no discriminación. Entre muchas otras medidas, la convención exige adaptaciones no discriminatorias y razonables para promover el acceso a la formación y el empleo.

Un estudio de las prácticas relacionadas con el funcionamiento interno de las empresas debe incluir:

• Normas relacionadas con la no discriminación y la inclusión de personas discapacitadas.

- Medidas para que el lugar de trabajo, los materiales impresos, el entorno de red y los puntos de venta o de distribución sean accesibles.
- Redes de trabajadores discapacitados (*véase* más abajo «asociaciones»).
- Programas de formación para directivos y trabajadores con objeto de profundizar en el conocimiento de la discapacidad.
- Prácticas para promover la formación, contratación o mantenimiento de personas discapacitadas y para potenciar su productividad.
- Técnicas y programas específicos para el reclutamiento o la promoción en la comunidad.
- Prácticas, programas de formación y aprendizaje o programas de liderazgo orientados específicamente a personas con discapacidades.
- Realización de las adaptaciones necesarias para cubrir las necesidades individuales.
- Asignación de empleados en cargos de dirección o de recursos humanos con formación o conocimiento sobre asuntos relacionados con la discapacidad en el trabajo.
- Políticas y prácticas para las relaciones laborales entre empresarios con discapacidades. Programas de voluntariado entre los trabajadores.
- Colaboración con sindicatos, organizaciones no gubernamentales y gobiernos.
- Colaboración con organizaciones de discapacitados, incluso en lo relativo a la formación sobre la discapacidad, la accesibilidad y el desarrollo de productos.
- Adhesión a las normas de accesibilidad, tanto en el entorno virtual como en el entorno físico, y promoción activa de estas normas.
- Participación en grupos y redes empresariales relacionadas con el tema de la discapacidad.

Trabajadores discapacitados en el trabajo

Varios países, entre ellos Estados Unidos, Canadá, el Reino Unido, Alemania, Francia y Japón, han aprobado leyes para prohibir la discriminación hacia personas discapacitadas en el lugar de trabajo. Estas leyes constan de muchos aspectos, siendo el principal aspecto que deben conocer los empleados que actualmente está prohibido discriminar en la contratación, la asignación de una tarea y el tratamiento de un trabajador por motivo de una discapacidad. Los trabajadores deben realizar las adaptaciones necesarias para que las personas discapacitadas puedan desempeñar las tareas esenciales del trabajo.

Algunas de estas adaptaciones pueden ser la colocación de rampas para personas con silla de ruedas, la provisión de equipos especiales para personas ciegas y sordas, la realización de otros cambios en las instalaciones y adaptaciones menores en los métodos o calendarios del trabajo.

Consideremos una situación específica. Cara es una contable sumamente cualificada, pero puesto que va en silla de ruedas no puede llegar al segundo piso del edificio donde se halla el departamento de contabilidad. Ya que no es posible construir una rampa en ese edificio de dos pisos, una simple adaptación permitiría a Cara trabajar en el primer piso y que alguien le acercase allí los trabajos. Un inconveniente, sí, pero es una adaptación necesaria.

Cuando evaluemos a los solicitantes de empleo discapacitados, deberíamos concentrarnos en sus capacidades, no en sus discapacidades. Con frecuencia, aquello que parece un obstáculo para el buen rendimiento sólo es una percepción que puede superarse con una adaptación razonable.

El proceso de contratación

Dorothy, una administrativa especialista en procesadores de textos sumamente cualificada, a efectos legales tenía una minusvalía por ceguera. Podía transcribir el material dictado con más velocidad y mayor precisión que cualquier persona con la visión normal. Caminaba con ayuda de un bastón blanco y después de que la llevaran a un lugar específico una o dos veces, podía ir y volver de allí fácilmente, sin ayuda. A pesar de que el personal de recursos humanos recomendaba enérgicamente que la contratasen, Beth, la supervisora del departamento de administración, no quería contratarla. «Temo que en caso de incendio o de otra emergencia, sea un peligro para sí misma y para otros del departamento».

La preocupación de Beth era razonable: no podemos pasar por alto los problemas que pueden suceder, incluso aunque su probabilidad sea remota. En este caso, palió su preocupación mediante la asignación de alguien que acompañara a Dorothy en caso de emergencia.

Condiciones laborales

Ted había sufrido un accidente de automóvil que le había causado importantes fracturas. Su trabajo en la fábrica le exigía estar de pie frente a una mesa de trabajo todo el día. Cuando estuvo listo para volver al trabajo, era incapaz de permanecer de pie durante un período tan largo. Russ, su supervisor, lo mandó a casa y le dijo que hasta que no pudiera estar de pie, no podría trabajar.

Sin embargo, Russ debería haber resuelto si era posible realizar alguna adaptación. Quizá podría haber facilitado a Ted un taburete alto para poder llegar a la mesa de trabajo sin necesidad de estar de pie. En caso de no ser factible, podría haber adaptado el horario de Ted para que trabajara media jornada en esa tarea e hiciera otros trabajos que no exigieran estar de pie todo el día.

La actitud de otros trabajadores

No sólo los jefes y los supervisores deben asegurarse de que ofrecen oportunidades justas a las personas discapacitadas, sino también todos los empleados. Es posible que a algunos trabajadores les moleste tener que ofrecer un trato especial a una persona discapacitada, en especial si eso aumenta su carga de trabajo o implica algún inconveniente.

Los mecánicos de Tool Manufacturing Co. dedicaban alrededor de un 80 % de sus horas de trabajo en la tienda a arreglar y ajustar varias piezas de sus equipos. Alrededor del 20 % de su trabajo consistía en salir de la fábrica para instalar, arreglar o ajustar alguna máquina pesada que el cliente no podía llevar a la tienda. Puesto que este trabajo era más agotador y físicamente molesto, los mecánicos lo denominaban «trabajo sucio» y hacían turnos cuando surgían este tipo de tareas.

Chad, el último mecánico al que habían contratado, era un hacha arreglando cosas, tenía unas «manos mágicas» y una agudeza mental que le permitía identificar los problemas mecánicos rápidamente y dar con soluciones imaginativas. Sin embargo, Chad no podía caminar sin ayuda de bastones. No tenía problemas para llegar a la tienda, pero cuando el trabajo exigía ir a otros lugares de la planta para arreglar una máquina, no podía maniobrar a través de la planta y llegar a la máquina, y tampoco podía realizar las contorsiones físicas necesarias para llegar al interior y a los laterales de la máquina.

A fin de adaptar el trabajo a esta discapacidad, Tom, el maestro mecánico, se encargó de que Chad sólo tuviera que trabajar en la tienda. Al cabo de poco, aumentó la cantidad de tiempo que los demás mecánicos tenían que dedicar al «trabajo sucio», de modo que se molestaron. «¿Por qué tenemos que dedicar tanto tiempo a las tareas más duras y él puede quedarse con las tareas más sencillas?», se quejaron. «Deberían contratar a alguien que pudiera hacerlo todo».

Cuando Tom oyó sus quejas, se quedó perplejo. No quería despedir a Chad. No sólo era un buen mecánico, sino que además despedirlo iba contra la ley. Aun así, la moral del departamento se había venido abajo y se reflejaba en la productividad y en el modo en que los demás trataban a Chad. Tom creyó que la mejor manera de solucionar el problema era teniendo una charla con cada uno de sus mecánicos por separado. Decidió seguir algunos principios demostrados sobre las relaciones interpersonales. Dijo a cada uno de ellos lo mucho que apreciaba el buen trabajo que hacían y les preguntó si estaban de acuerdo con él en que Chad también era un buen mecánico, Por supuesto, tuvieron que asentir; era bueno. Les pidió que consideraran la posición de Chad, quien contribuía mucho al departamento. Gran parte de sus ideas les habían ayudado a solucionar problemas que habían tenido que afrontar. El único inconveniente de tener a Chad en el equipo era su incapacidad para realizar el «trabajo sucio». «¿Qué significaba eso para ellos?», preguntó Tom. Consultó las hojas de control del trabajo y les mostró que el tiempo añadido que dedicaban a esas tareas en el taller sólo eran unas pocas horas más a la semana. Luego, apeló a sus motivos más nobles. «A todos os gusta Chad. Ha demostrado ser un trabajador valioso para este departamento. No vais a dejar que unas pocas horas más a la semana de "trabajo sucio" impidan a Chad emplear sus aptitudes para ganarse la vida, ¿no?».

Después de estas charlas, las cosas cambiaron completamente. Los mecánicos se tomaron muchas molestias para que Chad supiera que les gustaba y que lo apreciaban. Al haber tomado la iniciativa para abordar el problema, Tom restableció la moral y la productividad y ayudó a que su empresa cumpliera tanto con el espíritu como con la letra.

Otras medidas para ayudar a los trabajadores discapacitados

He aquí algunas medidas adicionales que pueden tomar las empresas para ayudar a los trabajadores discapacitados:

- Crear un grupo con recursos para los trabajadores discapacitados.
- Ofrecer ayudas para la dependencia (como el cuidado de niños y de ancianos).
- Mostrar historias o vídeos de personas con discapacidades en la página web de la empresa.
- Proveer un programa de formación obligatorio sobre la diversidad a todos los empleados.

Asociaciones de trabajadores discapacitados

Algunas empresas han puesto mucho más empeño a fin de conseguir que los trabajadores de grupos minoritarios se sientan más cómodos en el trabajo y han creado grupos para ellos, que por lo general se denominan «asociaciones».

Las mujeres y los miembros de grupos minoritarios de muchas empresas en Estados Unidos han alcanzado un éxito considerable al aprovechar sus asociaciones para escalar a cargos más importantes de la empresa. Los trabajadores discapacitados pueden beneficiarse de forma similar en términos de crecimiento profesional y de capacitación para el liderazgo, que en última instancia resulta en oportunidades de ascenso.

El Dr. Robert S. Rudney, asesor ejecutivo de Studies & Analyses en las Fuerzas Aéreas de Estados Unidos, realizó un estudio de las asociaciones para trabajadores discapacitados en las principales empresas estadounidenses. He aquí algunos de sus hallazgos.

Los trabajadores discapacitados cada vez reconocen más el valor de formar asociaciones que representen sus intereses con su empleador y que promuevan la educación sobre la discapacidad y su alcance en la cultura de la empresa. Por su parte, los empleadores apoyan la creación de asociaciones para discapacitados como muestra de su compromiso con la diversidad y también porque son mecanismos comerciales para mejorar los productos y servicios dirigidos a clientes discapacitados.

Las asociaciones pueden ser esenciales para la integración de los nuevos trabajadores discapacitados. Incluso aunque se hayan hecho las adaptaciones necesarias, estos trabajadores pueden necesitar ayuda y consejo para orientarse en la empresa, navegar por la web y comprender la política y los procedimientos de la empresa. Con frecuencia, los miembros con experiencia de las asociaciones establecen una relación profesor-alumno, ya sea formal o informal, con los nuevos empleados. Quizás más importante en el clima económico actual, las asociaciones de discapacitados pueden facilitar a sus miembros herramientas para conservar su puesto y establecer redes de contactos para quienes buscan un cambio de posición a la vista de un inminente despido colectivo.

Los trabajadores también pueden utilizar las redes de las asociaciones para explicar los cambios en la política de la empresa o para pedir la opinión sobre novedades en la política de la empresa que se están considerando. Las asociaciones aconsejan a los empleadores sobre las políticas de adaptación y su implementación, así como también sobre los talleres para fomentar la sensibilización y el conocimiento de la discapacidad. Fuera de la empresa, las asociaciones de discapacitados pueden ser un instrumento eficaz de reclutamiento para traer a la empresa solicitantes de empleo cualificados con discapacidades. A través de Internet se encuentran el 60 % de los trabajos, sin embargo, por motivos de movilidad, comunicación o sencillamente por falta de confianza en uno mismo, las personas discapacitadas suelen tener dificultades con Internet. Al mismo tiempo, los grupos para la contratación de discapacitados y los proveedores de rehabilitación necesitan mejorar su tarea de identificación y adhesión a las asociaciones de una empresa.

Los miembros de las asociaciones pueden reflejar las preferencias de los clientes discapacitados en relación con los productos y servicios de la empresa. La asociación para trabajadores discapacitados de Best Buy, un importante vendedor estadounidense de electrodomésticos del hogar, jugó un papel decisivo a la hora de convencer a la empresa para que proporcionara la opción de subtitular sus anuncios a fin de atraer la atención de los posibles clientes con dificultades de audición.

La asociación de recursos para los trabajadores de Hewlett Packard ha contribuido de forma significativa al empleo de los nuevos productos y a la incorporación de elementos universales de diseño. La asociación de trabajadores discapacitados de Ford revisa los diseños de los nuevos coches para determinar la accesibilidad. A consecuencia de ello, tanto Hewlett Packard como Ford –igual que muchas otras empresas– han logrado rentabilizar su inversión a raíz de respaldar asociaciones para sus empleados con discapacidades.

El National Affinity Leadership Congress ha recabado información adicional sobre las asociaciones para discapacitados (*véase* www.nalc.diversitybestpractices.com para más información sobre las creaciones de la organización).

Resumen

- Personas e instituciones de la misma cultura que nosotros influyen de forma decisiva sobre nuestra forma de ver el mundo y las personas que nos rodean. Pueden afectar el modo en que respondemos a los individuos con que nos topamos y que percibimos que no pertenecen a nuestra misma cultura.
- Puesto que numerosos sesgos son subconscientes, muchos no nos damos cuenta de cuáles son los nuestros. Los sesgos son emocionales, no lógicos. Sólo por medio de un autoanálisis profundo podemos ser conscientes de ellos.

- En cuanto somos conscientes de nuestros sesgos y tomamos medidas para erradicarlos, deberíamos examinar el concepto general de trabajar con personas diversas en nuestra empresa. Si ocupamos un cargo de dirección, nuestra principal misión debería ser la de hacer buena práctica de la diversidad. Si no es el caso, deberíamos colaborar con nuestros jefes y compañeros para conseguir tener una buena relación con las personas distintas a nosotros.

- Apreciar y comprender la diversidad cultural es algo más que simplemente tolerar las diferencias entre individuos o grupos; también es apoyarlas y cultivarlas.

- Cuando trabajamos con personas que tienen un conocimiento limitado de nuestra lengua, los supervisores y demás compañeros de trabajo deben esforzarse especialmente para garantizar que comprenden lo que les decimos y que nosotros comprendemos lo que ellos nos dicen.

- La diversidad nos permite sacar provecho de nuestras habilidades únicas y de las áreas en las que somos expertos. Podemos aprender mucho de la comprensión mutua y el reconocimiento de las diferencias individuales. Fortalecer la identidad cultural positiva de los demás es un aspecto importante para que haya una buena relación entre todos los implicados.

- Profundizar en el conocimiento de nuestros compañeros de trabajo potencia nuestra capacidad para crear y mantener un entorno que fomente el respeto mutuo y la cooperación.

- Cuando evaluemos a los solicitantes de empleo discapacitados, deberíamos concentrarnos en sus capacidades, no en sus discapacidades.

- Las personas con discapacidades representan una fuente muchas veces sin explotar de habilidades y talentos, además de conocimientos técnicos si tienen acceso a los programas de formación, y unas habilidades transferibles relativas a la solución de problemas que han desarrollado a lo largo de su vida cotidiana. Además, las personas que sufren una discapacidad a causa de un accidente laboral con frecuencia tienen experiencias y habilidades valiosas que han aprendido en su trabajo, además de sus cualificaciones formales.

- Si realizamos las adaptaciones necesarias, las personas discapacitadas pueden convertirse en trabajadores valiosos y productivos.

8

Diversidad de género y de edad

En el capítulo anterior hemos explicado cómo tratar con personas en el trabajo que proceden de distintas culturas y con personas discapacitadas. En este capítulo, examinaremos los problemas específicos que surgen a raíz de las diferencias de género y entre personas de distintos grupos de edad.

Las relaciones de género

Tratar injustamente a una persona en el trabajo debido a su género es discriminación. En este libro nos preocupa principalmente la conducta de todos en el lugar de trabajo, de modo que nos centraremos en el tratamiento de nuestros compañeros, trabajadores a nuestro cargo y otros con los que nos interrelacionamos. En el caso de los directivos de una empresa, la discriminación puede plasmarse en el hecho de no contratar o ascender a una persona o en determinar el salario o la nómina de alguien basándose en su género. Puesto que estas conductas sólo pueden llevarlas a cabo los líderes de una empresa, no hablaremos de ellas.

Cambios en las relaciones laborales

Acoso sexual

El acoso sexual es una clase de discriminación en el trabajo que no necesariamente aparece en las relaciones entre directivos y empleados. El acoso sexual implica intimidación, acoso o coerción de naturaleza sexual, o la promesa poco grata o inapropiada de ofrecer una recompensa a cambio de favores sexuales. Incluye un abanico de comportamientos desde lo que podría percibirse como transgresiones y fastidios relativamente inocuos, a abusos físicos o emocionales. Para muchas empresas, impedir el acoso sexual y defender a los empleados de las acusaciones por acoso sexual se ha convertido en una de las principales responsabilidades del personal de recursos humanos.

Algunos de los efectos habituales del acoso sexual a nivel profesional, académico, económico y social son:

- Disminución del rendimiento en el trabajo.
- Aumento del absentismo.
- Invasión de la intimidad en la propia vida privada.
- Ser víctima de humillaciones, indagaciones y chismorreos, y ser tratado como un objeto.
- Difamación contra la propia persona y su reputación.
- Pérdida de confianza en lugares similares al que ha tenido lugar el acoso.
- Pérdida de confianza en los supervisores o los directivos.
- Intenso estrés en la vida privada de la persona acosada.
- Problemas físicos o mentales a causa del acoso.
- Pérdida de referencias/recomendaciones.
- Pérdida del trabajo o la profesión, pérdida de los ingresos.

En muchos países, entre ellos Estados Unidos, Canadá, el Reino Unido, los países de la Unión Europea, Japón e India, existen leyes específicas para proteger a los trabajadores frente al acoso sexual en el trabajo. Estas leyes exigen a los empleadores que protejan a sus trabajadores frente a los malos tratos por motivo de su género, y están obligados a tomar todas las medidas preventivas posibles contra el acoso sexual. Además, los empleadores deben hacerse cargo a nivel económico de los casos de mala conducta.

El acoso sexual es un delito costoso

Para evitar que uno o más empleados causen problemas relacionados con el acoso sexual, las empresas deben realizar esfuerzos manifiestos para garantizar que todos los empleados –no sólo los directivos– conozcan y estén conformes con las normas y las políticas correspondientes; de lo contrario, puede costarles mucho dinero. Por ejemplo, en 1998, la empresa Mitsubishi resolvió un juicio por acoso sexual aceptando pagar una indemnización de 34 millones de dólares a 360 mujeres que habían sido acosadas en su planta de Normal, en Illinois.

Las mujeres denunciaron que habían tenido que aguantar caricias de sus compañeros, proposiciones deshonestas de sus supervisores, que las llamaran por nombres groseros y sexualmente explícitos, tener que ver grafitis pornográficos en las paredes y, por lo general, que las habían tratado mal. Los directivos habían ignorado sus quejas.

En Nueva York, varias empleadas de Smith Barney, una de las firmas más importantes de correduría de Bolsa, acusaron a sus directivos de crear un entorno de trabajo hostil y ofensivo. Denunciaron que la sala de descanso para los empleados tenía el apodo de «sala de fiesta» y que los empleados se insinuaban a las mujeres que estaban allí y consideraban «muy divertido» hacer comentarios machistas.

Mujeres de otras oficinas de Smith Barney se sumaron a la demanda colectiva. Un tribunal federal ordenó a la empresa que presentara las demandas a una comisión de arbitraje para determinar la cuantía de la indemnización que debía recibir cada demandante. Además, ordenó a la empresa incorporar un programa de formación sobre la diversidad para contratar, formar y ascender a mujeres a cargos de la empresa en los que tuvieran poca representación. Se estima que el coste total superó los quince millones de dólares.

Los tribunales de varios países han dictaminado que se puede obligar a una empresa a pagar una indemnización a los trabajadores que son víctimas de acoso sexual por parte de un supervisor de nivel inferior, incluso si la empresa no sabe nada del acoso y la víctima no ha puesto ninguna queja.

¿Qué es exactamente el acoso sexual?

Mientras que exigir favores sexuales a cambio de un tratamiento favorable en el trabajo es una forma evidente de acoso sexual, la definición legal de acoso sexual cubre un rango más amplio de conductas.

Se considera acoso sexual toda insinuación ingrata o exigencia de favores sexuales o cualquier conducta de naturaleza sexual que tenga el objetivo o el efecto de interferir de forma considerable en el entorno de trabajo de una persona o que cree un entorno de trabajo *intimidatorio, hostil* u *ofensivo*.

Las empresas pueden protegerse frente a las denuncias por acoso sexual si notifican con claridad a todos los trabajadores que no tolerarán semejante conducta y si determinan y publicitan un procedimiento para ocuparse de las quejas por acoso sexual.

Un director ejecutivo debería administrar esta política, investigar rápidamente todas las quejas y, en caso de verificarlas, corregirlas de inmediato.

Podríamos asumir que la mayoría de personas tienen suficiente sentido común como para abstenerse de hacer demandas sexuales explícitas a sus compañeros de trabajo, y así es en la mayor parte de los casos. Por eso aquellos que acosan sexualmente a los trabajadores que tienen a su cargo emplean tácticas mucho más sutiles. Pueden hacer comentarios que den a entender que otros empleados se han beneficiado siendo «más simpáticos». Otra alternativa es hacer comentarios sobre los rasgos físicos o el atuendo de una persona. Estos comentarios pueden considerarse acoso sexual.

¿Significa eso que cualquier cumplido dirigido a un miembro del sexo contrario podría constituir acoso sexual? Depende de lo que se diga y de cómo se diga. Un comentario del tipo «llevas un vestido atractivo» es muy diferente de «ese vestido es *sexy*». Decir «me gusta tu nuevo peinado» también es aceptable, pero no lo es decir «me excita ese peinado que llevas».

Randy, por ejemplo, es muy «tocón». Cuando saluda a los demás, les agarra de la mano, les acaricia la espalda y los abraza. Es su modo de expresarse, y lo ha hecho siempre. No besa a sus compañeros del género masculino, pero cuando saluda a sus compañeras, muchas veces las besa en la mejilla. Randy estaba desconcertado cuando lo llamaron a la oficina de recursos humanos y le dijeron que algunas de las mujeres de su departamento se habían quejado de sus abrazos y besos. Para él, eran actos amistosos sin ninguna intención sexual, pero para las mujeres que se quejaron constituían actos poco gratos.

ॐ

El lenguaje ofensivo crea un entorno de trabajo hostil, y eso ahora es ilegal... Del mismo modo que los tribunales dictaminaron que el acoso sexual creaba un entorno de trabajo hostil, el lenguaje ofensivo plantea riesgos legales similares. Hoy en día se interponen demandas contra empresas por el lenguaje que utilizan sus jefes.

Art Bell, comentarista de televisión

ॐ

Un entorno de trabajo intimidatorio y hostil

Como hemos mencionado antes, según su definición legal, el acoso sexual incluye conductas que crean un «entorno de trabajo intimidatorio y hostil».

El equipo de Ken, por ejemplo, siempre había estado compuesto únicamente por hombres, y cuando dos mujeres se incorporaron al grupo, algunos de los hombres se molestaron por esta «intrusión» en su camaradería masculina. Les hicieron la vida imposible, haciéndoles comentarios insidiosos y dándoles información incorrecta para que cometieran errores en sus tareas, y las excluyeron de las reuniones de trabajo. A pesar de que su conducta no podría considerarse de naturaleza «sexual», estos comportamientos entran en la definición de acoso sexual, porque los hombres habían creado un entorno de trabajo hostil para las mujeres.

Tina trabaja en un almacén, y le ofende el lenguaje subido de tono que utilizan continuamente algunos de los empleados. Cuando se queja de ello, le dicen: «Así es como hablan los tíos. Ya hablaban así antes de que las mujeres trabajaran aquí, y no van a cambiar ahora. Acostúmbrate».

Puesto que hay quien puede encontrar que este lenguaje sospechoso crea «un entorno de trabajo ofensivo», puede ser un fundamento lícito para una denuncia. Y debemos advertir que el lenguaje no necesariamente debe ser oral. Se puede crear un entorno de trabajo hostil haciendo circular por la oficina correos electrónicos «divertidos» y subidos de tono. Si recibimos un correo electrónico así, inmediatamente deberíamos decirle a quien lo manda que estos mensajes son poco apropiados y que no los toleraremos.

ം

Hasta un punto sorprendente, el envío descuidado de correos electrónicos se ha convertido en uno de los campos minados más frecuentes desde el punto de vista civil y penal. En un caso tras otro, desde juicios por delitos a pleitos por acoso sexual, han estado presentes correos electrónicos poco cuidadosos.

Kendall Coffey, abogado

ം

Hacer frente al acoso en el trabajo

Si alguien se dirige a nosotros con un lenguaje subido de tono en el lugar de trabajo, lo primero que deberíamos hacer es hablar con la persona (o personas) que utiliza ese lenguaje inoportuno. Debemos señalar con diplomacia que ese comportamiento es poco profesional y ofensivo tanto para hombres como para mujeres, y que no es apropiado utilizarlo en un entorno de trabajo. Debemos informar al infractor de que ese comportamiento puede provocar problemas legales a la empresa y a él como persona, y decirle que si sigue utilizando ese lenguaje vulgar, estará sujeto al mismo tipo de medida disciplinaria que alguien que haya violado otras normas de la empresa.

Acoso fuera del lugar de trabajo

Es responsabilidad de una empresa hacer frente al acoso sexual en relaciones o situaciones relativas al trabajo, incluso aunque el acoso se produzca fuera del lugar de trabajo.

Cathy estaba perpleja. Dennis, uno de los hombres de su departamento, había salido varias veces con Diane, que trabajaba en otro departamento. Nunca llegaron a tener una relación, pero Diane siguió fastidiando a Dennis para que volviese a salir con ella. Diane entraba en el despacho de Dennis varias veces al día para hablar con él, incluso aunque Dennis no aprobara sus visitas. La constante atención de Diane interfería con el trabajo de Dennis, y él no estaba interesado en salir con ella. La siguiente vez que Diane visitó a Dennis, Cathy la llamó y le dijo que esas visitas no eran tolerables. Diane nunca volvió, pero siguió acosando a Dennis, llamándolo después del trabajo.

Incluso aunque el acoso había cesado en el trabajo, puesto que Dennis y Diane trabajaban para la misma empresa, la empresa tenía la obligación de impedir que Diane molestara a Dennis. Cathy debía hablar de la situación con el supervisor de Diane y, en caso de ser necesario, con el departamento de recursos humanos. Si después de eso Diane seguía acosando a Dennis, era necesario tomar las medidas disciplinarias adecuadas.

Acoso sexual por parte de personas ajenas a la empresa

Supongamos que un vendedor llega a la oficina y gasta bromas subidas de tono a las mujeres que trabajan allí. Algunas de ellas creen que es divertidísimo, pero advertimos una mirada de repulsión en el rostro de otras. A pesar de que nadie se ha quejado, vemos que el comportamiento está creando un entorno de trabajo ofensivo. El vendedor no trabaja para nuestra empresa, pero aun así tenemos la obligación de hacer algo al respecto.

Un jefe es responsable del comportamiento ofensivo de todos sus trabajadores (al margen de que estén en cargos de dirección) e incluso de no trabajadores cuando él o sus agentes (nosotros, en este caso) saben o *deberían haber sabido* acerca del mismo.

Si sabemos de ese comportamiento, debemos hablar con la persona responsable de ese representante de ventas y proponerle que hable con él del tema. Si persiste el comportamiento no deseado, la empresa está obligada a decirle al vendedor que no puede seguir trabajando con él.

Nuestra empresa es responsable no sólo cuando sabe de la existencia del comportamiento ofensivo, sino también *cuando debería haber sabido* del mismo. Este punto es delicado. ¿Cómo se supone que debemos saber todo lo que podría ocurrir? Por supuesto no podemos, pero si somos observadores, deberíamos saber buena parte de lo que sucede. En el ejemplo anterior, si supimos que el representante de ventas era propenso a utilizar un lenguaje subido de tono y a gastar bromas provocativas cuando nos invitó a comer, deberíamos saber que también podía hacerlo al hablar con otras empleadas.

Diez pasos para evitar una demanda por acoso sexual

A fin de evitarnos problemas a nosotros, a nuestros compañeros y a la empresa, toda empresa debería:

1. Determinar una norma formal que prohíba el acoso sexual. Indicar claramente todas y cada una de las acciones que podrían considerarse acoso, y especificar qué medidas deberían tomar los empleados en caso de sufrir acoso. Nombrar a un director ejecutivo para que se ocupe de esta norma.

2. Publicitar la norma en los boletines, los artículos del diario de la empresa, las reuniones regulares y los programas de formación.

3. Facilitar que los demandantes informen de estas cuestiones a los directivos. Colgar avisos en la oficina que detallen a quién acudir y cómo hacerlo. Asegurarse de que todos los empleados saben que no habrá represalias contra quienes lleven quejas sobre alguien de la empresa, al margen de cuál sea su cargo y categoría.

4. Investigar todas las quejas, independientemente de lo triviales o injustificadas que nos parezcan. Conservar informes escritos de todos los hallazgos (que incluyan memorias, informes de entrevistas y declaraciones del demandante, la persona acusada y los testigos).

5. Nunca despedir ni amenazar a los demandantes o posibles demandantes.

6. No tomar decisiones precipitadas. Examinar toda la información y consultar con un abogado, pues el asunto podría terminar en un juzgado.

7. Tomar medidas. Si la queja está justificada, remediar la situación. En función del caso, puede ser necesario que se disculpe el acosador, exigir el cese de la conducta que motivó la queja, ajustar el salario del acosador, mejorar o modificar las condiciones laborales de las personas que han sufrido o, para delitos flagrantes o reiterados, despedir al acosador.

8. Si después de investigar se descubre que la queja no estaba justificada, explicar la decisión al demandante con prudencia y diplomacia. Tener presente que si no está satisfecho, todavía puede presentar una denuncia en las instituciones del gobierno adecuadas o llevar el caso a juicio.

9. No buscar soluciones fáciles. Trasladar al acosador a otro departamento tal vez solucione el problema inmediato, pero si éste repite su conducta en su nueva ubicación, la situación se agravará.

10. Si se realiza una queja formal en la Comisión para la Igualdad de Oportunidades en el Empleo o una institución del gobierno similar, incluso aunque la queja carezca de fundamento, hay que tratarla con seriedad.

Si seguimos estas pautas, no sólo reduciremos las probabilidades de que alguien presente una denuncia contra la empresa por acoso sexual, sino que también aumentaremos la moral de los empleados, pues verán que nos tomamos en serio esta situación.

Trabajadores emparentados y discriminación de género

Algunas empresas, por temor a que personas emparentadas trabajen juntas y surjan complicaciones, pueden prohibir que padres, hijos, hermanos y cónyuges trabajen en el mismo departamento o en cargos en los que deben relacionarse entre sí. Algunos estados de Estados Unidos prohíben que los empleadores discriminen a sus trabajadores por el hecho de estar casados, pero estas leyes no cubren otras relaciones distintas a las conyugales, y las empresas tienen libertad para tratarlas según su propio criterio.

En lo que respecta al matrimonio, es posible que haya complejidades adicionales. Si una empresa prohíbe que dos personas casadas trabajen juntas y dos miembros de un equipo se casan, ¿quién debería dejar el equipo? Algunas empresas basan su decisión en el rango (se marcha el cónyuge que tiene un cargo de menor rango) o el salario (se marcha el cónyuge que tiene un salario inferior). Sin embargo, puesto que puede ser más probable que un hombre tenga un cargo de mayor rango o un salario superior, esta práctica es discriminatoria con las mujeres. La mejor manera de abordar este asunto es dejar que la pareja tome una decisión acerca de cuál de los dos se marchará del equipo o de la empresa.

Hacer frente a las diferencias generacionales

Hoy en día, la plantilla de una empresa puede constar de hasta cuatro generaciones trabajando juntas, y el hecho de que los trabajadores conecten entre sí puede constituir un desafío. Cada generación tiene su propio modo de pensar, estilo de trabajo y forma de comunicarse. En consecuencia, saber trabajar y comunicarse entre distintas generaciones se ha convertido en algo esencial para crear un equipo cohesionado, productivo y fructífero.

Ahora vamos a analizar los problemas específicos que afrontamos cuando interactuamos con distintas generaciones. Mientras aprendemos a conectar y comunicarnos con más eficacia entre nosotros, las diferencias pueden considerarse saludables y proporcionar oportunidades emocionantes para colaborar en la búsqueda de innovadoras soluciones a los problemas.

Acortar la brecha generacional se reduce a dos sencillas ideas: comprender y respetar las diferencias, y aprender a comunicarse con eficacia.

Ken Owens

Criterios para mantener buenas relaciones entre generaciones

A veces las distintas perspectivas sobre el trabajo y la vida de miembros de grupos de distintas generaciones parecen dificultar las relaciones. He aquí algunas propuestas para ayudarnos a abordar estas percepciones.

- Tener verdadero interés por las diferencias generacionales. Descubrir qué piensan las generaciones distintas a la nuestra sobre asuntos que nos incumben a todos.
- Evitar guardar rencor tras los conflictos con personas de otras generaciones.
- Prestar atención a nuestros pensamientos, sensaciones y comportamientos.
- Conocer nuestra propia generación. Reconocer cómo nuestra percepción afecta a nuestros encuentros.
- Albergar sentimientos positivos hacia las generaciones distintas a la nuestra.
- Ser conscientes del impacto de nuestro comportamiento en otras generaciones.

Debemos comprender y manifestar con consistencia ciertas actitudes, principios y conceptos para garantizar el éxito y la eficacia de nuestro trato con personas distintas a nosotros.

Generaciones contemporáneas

Cada generación tiene su propio conjunto distinto de valores que ha ido cultivando en su entorno social a lo largo de sus años de formación. Las distintas generaciones tienen costumbres y creencias diferentes respecto a la familia, la profesión, el equilibrio entre la vida y el trabajo, la formación y el desarrollo, la lealtad, los roles de género, el entorno de trabajo y las expectativas de los líderes. Los demógrafos han denominado del siguiente modo a las distintas generaciones de trabajadores: veteranos, generación *baby boom*, generación X y generación Y.

No hay un acuerdo generalizado sobre cuándo empieza cada generación, pero las fechas mencionadas a continuación son, por lo general, las que cita la mayor parte de la bibliografía. Cuando examinemos estas categorías, debemos ir con cuidado de no atribuir estereotipos, y admitir que las características que se proporcionan son generalizaciones; todos los individuos tienen sus propias experiencias únicas y manifiestan una personalidad única, lo cual puede encajar o no con la de sus cohortes generacionales.

Características de los veteranos

Los veteranos son aquellas personas nacidas antes de 1946. Sus vidas se vieron afectadas por la Gran Depresión de la década de 1930 y la Segunda Guerra Mundial, entre 1939 y 1945. Tienden a ser personas disciplinadas, que respetan la ley y el orden y les gusta la estabilidad. Esta generación no se siente cómoda con el cambio. Tiene ideas fijas sobre el rol de cada género, y en el lugar de trabajo se siente cómoda con un estilo de gestión directo y autoritario. La mayoría de veteranos actualmente están jubilados, pero un buen número todavía sigue en activo, en su mayoría bajo la dirección de hombres y mujeres más jóvenes.

Características de la generación *baby boom*

Los miembros de la generación *baby boom* nacieron entre 1946 y 1964 y es la más numerosa de todas las generaciones. En su juventud eran de mentalidad abierta y rebeldes, pero entre los treinta y los cuarenta años se volvieron más conservadores. Su estatus profesional y prestigio social son importantes para esta generación, que tiende a ser optimista, ambiciosa y leal. Muchos creen que el trabajo es «para toda la vida». Han creado los conceptos «adicto al trabajo» y «supermujer».

Características de la generación X

La generación X nació entre 1965 y 1979. Muchos se criaron en familias en las que los dos progenitores trabajaban, fueron a la guardería infantil, estuvieron expuestos al divorcio y se dieron a conocer por «niños de la llave».[2] Es una generación con buena formación, muchos miembros de la cual tienen estudios de educación superior, y son ingeniosos, individualistas, independientes y escépticos con la autoridad. A diferencia de la generación *baby boom*, no esperan trabajar toda la vida para el mismo empleador ni beneficiarse de la lealtad con la empresa, y no están interesados en los símbolos de prestigio.

En el lugar de trabajo se centran en las relaciones, los resultados, sus derechos y sus habilidades. Tienden a cambiar de trabajo e incluso de profesión, y dejan su puesto si no se sienten satisfechos con él. Con frecuencia su actitud está centrada en sus propios beneficios. Son los hombres y las mujeres que, en el momento de escribir este libro, están empezando o avanzando en su profesión.

---

2. Niños, normalmente de edad escolar, cuyos padres trabajan y suelen estar solos en casa parte del día. Se les conoce por este nombre porque solían llevar la llave de casa colgada en el cuello. *(N. de la T.)*.

Características de la generación Y

La generación Y (también llamada generación Net) nació entre 1980 y 1995. Son muy hábiles con la tecnología y se sienten cómodos en grupos de diversas etnias. Sus valores son similares a los de los veteranos en el sentido de que son optimistas, confiados y sociales, y tienen unos firmes valores éticos y sentido del deber cívico.

Los miembros de la generación Y no son leales con las marcas, y la velocidad de Internet ha permitido a esta generación ser flexible y cambiar constantemente de costumbres y modo de pensar. Los miembros de este grupo tienen distintas prácticas y expectativas sobre la comunicación respecto a los miembros de otras generaciones. Esperan una gran flexibilidad en el lugar de trabajo y es probable que cambien de empleador incluso con más frecuencia que los miembros de la generación X.

Principalmente se comunican entre sí a través de comunidades en línea y redes sociales como Twitter y Faceebok, en lugar de quedar directamente con sus amigos y forjar relaciones. Pueden pertenecer a comunidades enormes y colaborar a gran escala a través de Internet, sin necesidad de conocer personalmente a los demás miembros del grupo. Puede que no sean hábiles en áreas como hablar en público.

Consejos comunicativos para conectar con distintas generaciones

Comunicarse con veteranos

- Mantenerlos al tanto.
- Ir al grano y no hacerles perder el tiempo.
- Utilizar un lenguaje inclusivo (por ejemplo «nosotros, vosotros») y más formal para lograr su confianza.

- Mantenerlos al día sobre la empresa y los proyectos e iniciativas actuales.
- Expresar cómo pueden contribuir a los objetivos estratégicos a largo plazo.
- Los incentivos y las recompensas tradicionales son muchas veces los elementos más motivadores.
- Utilizar formas de comunicación personales en lugar de correos electrónicos, mensajes de voz y faxes.
- Las palabras son sagradas. Asegurarnos de que nuestras palabras y lenguaje corporal sean congruentes.
- No esperar que compartan sus ideas hasta que tengan confianza con nosotros.

Comunicarse con los baby boom

- Tratar a cada persona como una persona única.
- Hablar de forma abierta, franca y directa.
- Reconocer sus logros públicamente.
- Hacerlos partícipes de las decisiones y crear un entorno de colaboración y consenso.
- Mostrar flexibilidad.
- Apreciar sus firmes valores éticos en el trabajo, su disposición a trabajar durante muchas horas y su deseo de tener oportunidades para demostrar su valía.
- Hablar con un estilo abierto y directo acompañado por un abundante lenguaje corporal.
- Responder a las preguntas con franqueza y de forma minuciosa, y esperar a que insistan en los detalles.
- No utilizar un lenguaje controlador o manipulador.
- Pedir o proporcionar opciones para demostrar que somos flexibles.
- Utilizar una comunicación cara a cara o electrónica.

Comunicarse con la generación X

- Darles espacio para ser creativos en el modo de concluir sus tareas y alcanzar sus objetivos.
- Dejar que dirijan múltiples proyectos y que prioricen estos proyectos para que sientan que están al mando.
- Brindarles oportunidades para aprender nuevas habilidades y proporcionarles una variedad de responsabilidades.
- Darles nuestra opinión de forma constructiva y directa, utilizando su lenguaje.
- Compartir información con ellos para que sientan que forman parte de nuestros proyectos.
- Escuchar sus opiniones con atención y respeto.
- Ser breves y concisos para retener su atención.
- Exponer la información con un estilo directo.
- Desafiarlos y pedirles su aportación.
- Compartir información con ellos de manera inmediata y con regularidad.
- Utilizar un estilo comunicativo informal.
- Escuchar su opinión y mostrar respeto por la misma.
- Comunicarse con ellos principalmente por correo electrónico.

Comunicarse con la generación Y

- Dejar que las palabras dibujen imágenes que les inspiren, motiven y mantengan atentos.
- No ser condescendientes; mostrar respeto por medio del lenguaje.
- Tener el hábito de pedirles constantemente su opinión.
- Tener sentido del humor.
- Invitarles a romper con los paradigmas y retarlos a explorar nuevas opciones o senderos.
- Ayudarles a entender los beneficios personales de una tarea u objetivo.

- Centrarnos en sus objetivos personales e intentar vincularlos al trabajo.
- Proveerles oportunidades que potencien su crecimiento personal, poder y responsabilidad.
- Delegar en ellos tareas desafiantes e importantes y asegurarnos de que entienden cómo conducen a la consecución de los objetivos de la empresa o del departamento.
- Mostrar respeto y facilitar un entorno que fomente una retroalimentación recíproca.
- Alentarles a romper con los paradigmas.
- Comunicarse con ellos principalmente por correo electrónico, SMS, mensajes instantáneos y mensajes de voz.

ა

Nadie envejece únicamente por vivir un número de años. Envejecemos al abandonar nuestros ideales. Los años tal vez arruguen la piel, pero ceder al entusiasmo arruga el alma.

Samuel Ullman

ა

Mensajes que motivan a las generaciones

Al margen de la generación a la que uno pertenezca, todo el mundo se nutre de los agradecimientos, los elogios y los reconocimientos sinceros. Debemos dar un agradecimiento significativo a los miembros de un grupo particular, de lo contrario, creerán que no estamos siendo sinceros. Si identificamos rasgos o valores que sean importantes para ellos y les comunicamos, en sus términos, hasta qué punto sus esfuerzos han afectado a los demás basándonos en sus valores, nuestros mensajes de agradecimiento tendrán un impacto enorme. He aquí algunas propuestas al respecto:

1. Decir a los empleados exactamente aquello que admiramos. Ser específicos. En lugar de decir «has hecho un buen trabajo», es mejor decir «el programa que has diseñado ha sido un importante elemento para la conclusión exitosa del proyecto».
2. Especificar por qué expresamos nuestra gratitud y las pruebas que tenemos para respaldarlo (da credibilidad a nuestra muestra de agradecimiento y se diferencia de un halago). «Digo esto porque...».
3. Hacer una pregunta sobre la contribución o el enfoque de la persona a la tarea en cuestión. Eso hará que esa persona hable y fomentará la interacción.

ભ

Los líderes que comprenden los rasgos que han moldeado cada generación, y los valores y creencias que han manado de esos rasgos, tienen un conjunto práctico de herramientas para forjar sólidas relaciones y crear equipos que logren sus objetivos.

Ken Owens, Tellabs

ભ

Conceptos erróneos entre distintas generaciones

- Todo el mundo es igual: no todos quieren darlo todo por la empresa.
- Todos quieren lo mismo en el trabajo: no todos comparten el deseo de conseguir poder, prestigio y dinero.
- Todos quieren que les asciendan: muchas personas prefieren que les reconozcan su trabajo, no que las asciendan.
- Todos desean ser directivos: muchos empleados con talento no tienen ningún deseo de ser directivos.
- Todos quieren estar a la altura de *nuestras* expectativas.

Todas las generaciones se parecen en el hecho de que sus miembros quieren que les paguen de manera justa y que los respeten. Sin embargo, cada generación responde a distintas prácticas de dirección y enfoques de liderazgo.

Ofrecer opiniones constructivas

Aportar críticas u opiniones que los demás puedan escuchar, aceptar y actuar al respecto es una habilidad esencial para dirigir con éxito grupos compuestos por individuos de varias generaciones. La investigación ha demostrado que la mejora de la productividad depende de que las opiniones sean precisas y relevantes y se trasmitan de manera constructiva. Aun así, la mayoría de personas trasmite su opinión del mismo modo a todo el mundo y no consigue conectar con los demás.

El balance final es que los comentarios constructivos conducen a mejorar el rendimiento. La dificultad es aprender a expresarlos de forma que el empleado los incorpore en su trabajo.

ↄ৲

El Padre Tiempo no siempre es un padre severo y, a pesar de que no se queda esperando a ninguno de sus hijos, a menudo bendice a aquellos que lo han aprovechado, convirtiéndolos inexorablemente en hombres y mujeres lo bastante ancianos, pero dejando su corazón y espíritu joven y llenos de vigor. En estas personas, el cabello cano no es más que la impresión de la mano del antiguo compañero que les da su bendición, y cada arruga no es más que una muesca en el apacible calendario de una vida bien vivida.

Charles Dickens
ↄ৲

Comunicar nuestra opinión a personas de distintas generaciones
La investigación sugiere que las personas de distintas generaciones consideran las opiniones de distintas maneras:

Veteranos: «Las noticias nunca son buenas». Los veteranos no buscan ni esperan opiniones, pero agradecen que se les reconozca que han logrado algo importante.

Baby boom: «Una vez al año y por escrito». Los *baby boom* no esperan que les demos nuestra opinión, especialmente si es positiva, excepto en la revisión anual.

Generación X: «Siento interrumpir, pero ¿cómo lo estoy haciendo?». Los miembros de la generación X necesitan nuestra opinión para asegurarse de que van por el camino correcto y para seguir motivados.

Generación Y: «Opina cuando yo quiera y te lo pida con sólo pulsar un botón». Los miembros de la generación Y están acostumbrados a las opiniones, los comentarios y los elogios continuos. Necesitan saber qué están haciendo bien y qué están haciendo mal.

Tratar con empleados de edad avanzada

Muchas veces, a los supervisores y directores más jóvenes les preocupa cómo les sienta a los trabajadores mayores que tienen a su cargo el hecho de que les supervise alguien más joven y, a menudo, con menos experiencia que ellos. Lo más importante que hay que saber es que la mayoría de personas seguirán nuestro ejemplo en tanto que somos los líderes. Si parecemos dubitativos o mostramos preocupación por la diferencia de edad, los demás se darán cuenta y también se preocuparán por ello. Si actuamos como si fuera un asunto sin importancia, pronto no tendrá importancia para la mayoría (o con suerte, para nadie) de nuestra gente. De modo que lo principal es adoptar una perspectiva en la que creamos genuinamente que nuestra edad no tiene importancia y en la que estemos cómodos con nuestra autoridad.

También deberíamos pensar en cómo nos presentamos. Deberíamos evitar utilizar un lenguaje, gesto o tono de voz que, aunque sea involuntariamente, desprenda un halo de «soy joven, sin experiencia o que carezco de confianza». Debemos mostrar con nuestra conducta que somos capaces de solicitar la contribución de los demás, pero que nos sentimos cómodos tomando decisiones por nuestra cuenta al término de ese proceso. Debemos aprender a dar nuestra opinión sin parecer nerviosos o arrepentidos.

Desde el principio, deberíamos concentrar nuestros esfuerzos en educarnos para saber dirigir, delegar, dar nuestra opinión, fijar objetivos y delegar a otros la responsabilidad, abordar los problemas de rendimiento, lograr que sean buenos trabajadores y ejercer la autoridad sin ser tiranos poco razonables ni personas fáciles de convencer.

ൟ

La vejez es una oportunidad igual que la juventud, si bien con otro disfraz,
Y, a medida que desaparece el crepúsculo, el firmamento se llena de estrellas
que no se ven durante el día.

Henry Wadsworth Longfellow

ൟ

Reciclar a los trabajadores más mayores

¿Pueden los trabajadores más mayores reciclarse en el trabajo con las tecnologías en constante cambio del mundo actual? Muchos supervisores —y, en realidad, muchos trabajadores— creen que las personas mayores no pueden cambiar sus antiguos hábitos de trabajo ni pueden ser trabajadores productivos haciendo uso de los nuevos métodos.

Cuando Chelsea, la supervisora del departamento de relaciones públicas, oyó que iban a sustituir sus *newsletters* electrónicas por actualizaciones de la página web, estaba preocupadísima. Algunos de sus compañeros eran jóvenes y podían aprender fácilmente a colgar las actualizaciones en HTML. Pero, ¿y sus empleados más veteranos, como Jeannette? Llevaba más de diez años utilizando el método del correo electrónico, ¡y tenía cincuenta años! A Chelsea la preocupaba que Jeannette y otros compañeros no pudieran aprender algo tan complicado como HTML. Todo el mundo sabe que «loro viejo no aprende a hablar».

La perspectiva de Chelsea ha causado mucha ansiedad a las personas mayores y sus supervisores. La idea de que hay un límite de edad para aprender es totalmente absurda. Las personas de cualquier edad pueden aprender algo nuevo si tienen un mínimo de inteligencia y el deseo de aprenderlo. (Las personas mayores muchas veces están preocupadas por su capacidad de aprender nuevos métodos o enfoques. Con frecuencia, el tipo de preocupación de Chelsea lo comparten personas como Jeannette, que creen que no serán capaces de utilizar las nuevas tecnologías. Hasta que no se vence esta actitud, es muy poco probable que se pueda formar con eficacia a los trabajadores mayores).

Un estudio reciente llevado a cabo por la Asociación Americana de Jubilados sacó a la luz que a los directores de la mayoría de empresas les preocupa la capacidad de los trabajadores mayores para mantenerse al día de los cambios y las novedades de su campo, pero pocas hacen algo al respecto. Mientras que el 55 % de los individuos del estudio creían que la formación sería eficaz para esos trabajadores, sólo el 29 % les ofrecía programas de formación.

Una empresa que ofrece formación a sus trabajadores más veteranos es General Electric. Según la empresa, en una de sus oficinas imparte programas de formación en nuevas tecnologías a unos

1.100 ingenieros y técnicos anualmente, y alrededor de un tercio de éstos tiene más de cincuenta años. Algunos realizan cursos hasta que se jubilan.

A algunos directores de empresas les preocupa el coste de la formación de su plantilla. ¿Por qué molestarse en formar a los trabajadores más mayores, si éstos se jubilarán en unos pocos años? Esta actitud tiene poca visión de futuro. El aumento de la capacidad y la productividad de una persona, incluso durante pocos años, normalmente justifica el coste de los programas de formación. No sólo el trabajador mayor está más animado, sino que los trabajadores jóvenes ven que la empresa se preocupa por todos sus empleados y, a medida que pasen los años, saben que ellos también seguirán formándose y que se les seguirá considerando valiosos.

Fomentar la confianza de los trabajadores mayores

¿Cómo se sentía Jeannette? Ha sido una de las mejores redactoras del departamento de relaciones públicas de la empresa. Se enorgullecía de esta habilidad. Ahora le están arrebatando su tarea principal. Tendrá que aprender un programa completamente nuevo. Como todo el mundo sabe, Internet es para la gente joven.

A fin de conseguir que Jeannette empiece con buen pie, es necesario ayudarla a superar su miedo. Los demás compañeros siempre la han admirado, y ahora tienen más talento que ella.

El supervisor y las demás personas implicadas en la formación de Jeannette deben comprender su situación y hacer un esfuerzo especial por estimular la confianza en sí misma. Antes de comenzar, deberían pasar un tiempo con Jeannette para hablar de cómo se realizarán los programas de formación y descubrir sus principales preocupaciones. Deben reforzar el concepto de que las personas mayores pueden aprender, ofreciéndole ejemplos de varias personas de su misma edad que hayan logrado dominar fácilmente el uso de HTML. Debería estar segura de que confiamos en su capacidad. Para ello, deberíamos señalar las similitudes entre el antiguo método y el nuevo, e indicar que la formación se realizará de forma positiva. No harán nada para avergonzarla. Por encima de todo, debemos ser pacientes y no ceder o dejar que abandone fácilmente.

Entrenar

Deberíamos actuar como un entrenador y no como un profesor de escuela que da clases, corrige ejercicios y aprueba o suspende al estudiante. Como el buen entrenador de un equipo atlético, deberíamos hacer demostraciones, observar y comentar, dar charlas motivadoras y reconocer toda mejora.

Mentores

Con frecuencia uno de los compañeros del aprendiz puede ser mejor ayudante que el supervisor en el proceso de formación. A pesar de los esfuerzos de Chelsea por superar la resistencia de Jeannette, éstos fueron en vano hasta que intervino una de las amigas de Jeannette.

Michelle, otra compañera de relaciones públicas, no era mucho más joven que Jeannette. Nunca había tenido la menor duda de que podría aprender a utilizar el ordenador y fue una de las primeras personas del departamento que lo consiguió. Chelsea le pidió a Michelle que fuera la mentora de Jeannette. Michelle convenció a Jeannette de que si ella había logrado aprender a utilizar HTML a su edad, no había ningún motivo por el que Jeannette no pudiera conseguirlo. A raíz de animarla constantemente, valerse de su ejemplo, mostrarle pequeños trucos que la habían ayudado a ella a aprender y, lo que es más importante, ayudarla en todo momento, gradualmente logró que Jeannette reuniera la confianza en sí misma que necesitaba.

Reforzar positivamente

Dale Carnegie dijo: «Elogia todas y cada una de las más leves mejoras. Sé desbordante en tu aprobación y generoso en tu elogio». B. F. Skinner, el famoso psicólogo conductista, demostró en sus experimentos que cuando las personas reciben elogios por sus logros en lugar de críticas por sus fracasos, es más probable que alcancen el éxito.

Si brindamos nuestro apoyo y elogiamos a estos trabajadores mayores por sus logros, éstos conseguirán prosperar. También mostrarán a sus compañeros mayores que, a pesar de que «loro viejo no aprende a hablar», no sucede lo mismo con los seres humanos.

Resumen

- El acoso sexual no se limita a exigir favores sexuales, sino que también incluye permitir que se cree un entorno de trabajo hostil u ofensivo para los empleados por motivo de su género.
- Conviene dar a conocer a todos los empleados nuestra política de prohibición del acoso sexual y tomar medidas concretas para informar de este problema a la dirección.
- Los directivos pueden ser los responsables del acoso sexual en su departamento no sólo si saben que existe y no hacen nada al respecto, sino también si no lo saben pero deberían haberlo sabido.
- Debemos estar atentos y seguir los diez pasos enumerados en este capítulo para evitar denuncias por acoso sexual.
- Hoy en día, la plantilla de una empresa puede constar de hasta cuatro generaciones trabajando juntas, y el hecho de que los trabajadores conecten entre sí puede constituir un desafío.
    - —Los demógrafos han denominado a estas distintas generaciones: veteranos (nacidos antes de 1945), generación *baby boom* (1946-1964), generación X (1965-1979) y generación Y (1980-1995).

—Debemos ser prudentes para evitar los estereotipos y reconocer que, a pesar de que las características atribuidas a cada una de las generaciones enumeradas en este capítulo son generalizaciones, cada individuo manifiesta una personalidad única, que puede o no ser similar a la personalidad de sus cohortes generacionales.

—Conviene releer los consejos sobre comunicación de este capítulo para comunicarnos eficazmente con cada grupo generacional. Debemos comprender cómo actúan y reaccionan a lo que decimos.

—No debemos asumir que los miembros de una generación distinta a la nuestra piensan igual que nosotros. Debemos escuchar, observar e interactuar con ellos para aclarar qué les motiva y qué les repele.

• La mejora de la productividad depende de que demos una opinión precisa, relevante y la comuniquemos de forma constructiva. La dificultad radica en aprender a decirlo de manera que se adapte al estilo comunicativo preferido de cada generación.

• Muchas veces, a los supervisores y directores más jóvenes les preocupa cómo les sienta a los trabajadores mayores que tienen a su cargo el hecho de que les supervisen ellos. Deberíamos evitar utilizar un lenguaje, gesto o tono de voz que, aunque sea involuntariamente, trasmita la idea: «soy joven, sin experiencia o que carezco de confianza». Debemos mostrar con nuestra conducta que somos capaces de solicitar la contribución de los demás pero que nos sentimos cómodos tomando decisiones por nuestra propia cuenta. Debemos aprender a dar nuestra opinión sin parecer que estamos nerviosos o arrepentidos.

• Es posible reciclar a los trabajadores mayores. Si les brindamos apoyo y elogiamos sus logros, prosperarán y servirán de ejemplo para otros trabajadores mayores.

Apéndice A

Sobre Dale Carnegie

Dale Carnegie fue un pionero de lo que ahora se conoce como el movimiento del potencial humano. Sus enseñanzas y libros han ayudado a personas de todo el mundo a tener confianza en sí mismas y a ser agradables e influenciables.

En 1912, Dale Carnegie ofreció su primer curso en una conferencia pública en una YMCA de Nueva York. Como en la mayoría de conferencias públicas de aquella época, Carnegie empezó la charla con una clase teórica, pero pronto se dio cuenta de que los miembros de la clase parecían estar aburridos e inquietos. Tenía que hacer algo.

Dale dejó de hablar y, tranquilamente, señaló a un hombre de la última fila y le pidió que se levantara y hablara de manera improvisada sobre su pasado. Cuando el estudiante terminó, le pidió a otro que hablara de sí mismo, y así hasta que todos los presentes intervinieron. Gracias a los ánimos de sus compañeros de clase y a las orientaciones de Dale Carnegie, cada uno de ellos superó su miedo y pronunció charlas satisfactorias. «Sin saber lo que estaba haciendo, hallé el mejor método para conquistar el miedo», declaró Carnegie posteriormente.

Sus cursos se hicieron tan populares que fue invitado a ofrecerlos en otras ciudades. A medida que transcurrieron los años, mejoró el contenido del curso. Descubrió que los estudiantes estaban interesados sobre todo en aumentar la confianza en ellos mismos, en mejorar sus relaciones interpersonales, en triunfar en sus profesiones y en superar el miedo y la preocupación. A raíz de ello, modificó el curso para tratar sobre estos asuntos en lugar de centrarse en hablar en público. Estas charlas se convirtieron en los medios hacia un fin en vez de una finalidad en sí misma.

Además de lo que aprendió de sus estudiantes, Carnegie participó en una amplia investigación sobre la manera de abordar la vida de hombres y mujeres triunfadores, y lo incorporó en sus clases. Esto le llevó a escribir su libro más famoso, *Cómo ganar amigos e influir sobre las personas.*

Este libro se convirtió de inmediato en un *best seller* y desde su publicación en 1936 (y su edición revisada en 1981) se han vendido más de veinte millones de copias y se ha traducido a treinta y seis idiomas. En el año 2002, *Cómo ganar amigos e influir sobre las personas* fue elegido el primer Libro de Negocios del siglo XX. En 2008, la revista *Fortune* lo calificó como uno de los siete libros que todo líder debería tener en su biblioteca. Otro libro del autor, *Cómo dejar de preocuparse y empezar a vivir,* escrito en 1948, también ha vendido millones de copias y se ha traducido a veintisiete idiomas.

Dale Carnegie murió el 1 de noviembre de 1955. La necrológica de un periódico de Washington resumió su contribución a la sociedad del siguiente modo: «Dale Carnegie no resolvió ninguno de los misterios profundos del universo pero, quizás, más que nadie de su generación, ayudó a los seres humanos a aprender a relacionarse, y a veces ésta es una de las necesidades más importantes».

Sobre Dale Carnegie & Associates, Inc.

Fundado en 1912, el Curso de Dale Carnegie evolucionó desde la creencia de un hombre en el poder de la autosuperación hasta una empresa de formación, con oficinas en todo el mundo, centrada en la actuación de las personas. Su objetivo es ofrecer a los empresarios la oportunidad de perfeccionar sus habilidades y mejorar su actuación a fin de obtener resultados positivos, firmes y provechosos.

El cúmulo de conocimiento original de Dale Carnegie se ha ido actualizando, ampliando y refinando a lo largo de casi un siglo de experiencias de la vida real. Las ciento sesenta franquicias de Dale Carnegie repartidas por todo el mundo utilizan sus servicios de formación y consulta con empresas de todos los tamaños y de todos los ámbitos para mejorar el aprendizaje y la actuación. El resultado de esta experiencia colectiva y global es una reserva en expansión de la visión de negocios en la que confían nuestros clientes para impulsar sus resultados empresariales.

Con su sede central en Hauppauge, Nueva York, el Curso de Dale Carnegie se halla en los cincuenta estados de Estados Unidos y en otros setenta y cinco países. Más de 2.700 instructores presentan sus programas en más de 25 idiomas. El Curso de Dale Carnegie se dedica a servir a la comunidad de empresarios de todo el mundo. De hecho, aproximadamente siete millones de personas lo han realizado.

El Curso de Dale Carnegie destaca los principios y procesos prácticos mediante el diseño de programas que ofrecen a las personas el conocimiento, las habilidades y la práctica que necesitan para aumentar el valor de sus empresas. Por su fusión de soluciones demostradas con desafíos reales, el Curso de Dale Carnegie es reconocido internacionalmente como la formación líder encargada de sacar lo mejor de las personas.

Entre las personas graduadas en estos programas se encuentran directores de las mayores empresas, propietarios y directivos de empresas de todos los tamaños y de todas las actividades comerciales e industriales, líderes del gobierno e innumerables individuos cuyas vidas han mejorado notablemente a raíz de esta experiencia.

En una encuesta mundial sobre la satisfacción del cliente, el 99% de los graduados en el Curso de Dale Carnegie están satisfechos con la formación que reciben.

Sobre el editor

Este libro fue compilado y editado por el doctor Arthur R. Pell, que fue asesor de Dale Carnegie & Associates durante veintidós años y fue elegido por la empresa para editar y actualizar el libro *Cómo ganar amigos e influir sobre las personas.* También es el autor de *Enrich Your Life, the Dale Carnegie Way* y escribió y editó *The Human Side*, un artículo mensual de Dale Carnegie que se publicó en 150 revistas comerciales y profesionales.

Es autor de más de cincuenta libros y de cientos de artículos sobre gerencia, relaciones humanas y autosuperación. Además de sus propios escritos, el doctor Pell ha editado y revisado libros clásicos acerca del potencial humano, tales como *Piense y hágase rico,* de Napoleon Hill; *El poder de la mente subconsciente,* de Joseph Murphy; *Como un hombre piensa así es su vida, de James Allen; El sentido común,* de Yoritomo Tashi, y obras de Orison Swett Marden, Julia Seton y Wallace D. Wattles.

Apéndice B

Los principios de Dale Carnegie

Ser una persona más amigable

1. No criticar, condenar o quejarse.
2. Demostrar aprecio honesto y sincero.
3. Despertar en la otra persona un deseo impaciente.
4. Estar verdaderamente interesados en los demás.
5. Sonreír.
6. Recordar que el nombre de una persona es para ella el sonido más dulce en cualquier idioma.
7. Saber escuchar. Animar a los demás a hablar de sí mismos.
8. Hablar en términos de los intereses de los demás.
9. Hacer que los demás se sientan importantes, y hacerlo con sinceridad.
10. A fin de sacar lo mejor de una discusión, evítala.
11. Respetar la opinión de los demás. Nunca decirle a una persona que está equivocada.
12. Si uno está equivocado, debe admitirlo rápidamente y con empatía.
13. Empezar de manera amigable.
14. Conseguir que la otra persona nos diga que «sí» inmediatamente.
15. Dejar que los demás hablen más que nosotros.
16. Permitir que la persona sienta que la idea es suya.

17. Intentar honestamente ver las cosas desde el punto de vista de la otra persona.
18. Ser comprensivos con las ideas y los deseos de los demás.
19. Apelar a los motivos más nobles.
20. Escenificar nuestras ideas.
21. Lanzar desafíos.
22. Elogiar y apreciar honestamente.
23. Llamar la atención sobre los errores de los demás indirectamente.
24. Hablar sobre los propios errores antes de criticar a los demás.
25. Preguntar en lugar de dar órdenes.
26. Permitir que la otra persona salve las apariencias.
27. Elogiar siempre cualquier mínima mejora. Ser «cordiales con nuestra aprobación y generosos con los elogios».
28. Ofrecer a la otra persona una buena reputación a la que aspirar.
29. Dar ánimos. Hacer que los defectos parezcan fáciles de corregir.
30. Lograr que los demás estén contentos de hacer lo que les pedimos.

Principios fundamentales para superar la preocupación

1. Vivir en «compartimentos estancos al día».
2. Cómo enfrentarse a los problemas:
    * Preguntarse: «¿qué es lo peor que me podría ocurrir?».
    * Prepararse para aceptar lo peor.
    * Tratar de mejorar lo peor.
3. Recordarse a uno mismo el precio desorbitante que se puede pagar por la preocupación en términos de salud.

Técnicas básicas para analizar la preocupación

1. Conseguir todos los datos.
2. Sopesarlos y tomar una decisión.

3. Una vez tomada la decisión, actuar.
4. Anotar y responder a las siguientes preguntas:
   - ¿Cuál es el problema?
   - ¿Cuáles son las causas del problema?
   - ¿Cuáles son las posibles soluciones?
   - ¿Cuál es la mejor solución posible?
5. Acabar con el hábito de preocuparse antes de que éste acabe con nosotros.
6. Mantenerse ocupado.
7. No preocuparse por pequeñeces.
8. Usar la ley de la probabilidad para eliminar nuestras preocupaciones.
9. Cooperar con lo inevitable.
10. Decidir cuánta ansiedad merece una cosa y negarse a darle más.
11. No preocuparse por el pasado.
12. Cultivar una actitud mental que nos aporte paz y felicidad.
13. Llenar nuestra mente de pensamientos de paz, coraje, salud y esperanza.
14. Nunca intentar vengarnos de nuestros enemigos.
15. Esperar ingratitud.
16. Hacer un recuento de nuestras ventajas, no de nuestros problemas.
17. No imitar a los demás.
18. Intentar beneficiarse de las propias pérdidas.
19. Hacer felices a los demás.

Índice